Simpele en lekkere recepten van Dirk De Prins

DOORDEWEEKS MET DIRK

bmp culinair

Fotografie. Joris Luyten
Foto cover. Francis Marchant

Lakborslei 114
B - 2100 Deurne
Tel.: +32(0)3 360 78 00
info@bmp.be

90 5720 178 X
D/2003/1676/10

Inhoud

Afwisseling troef!

De doordeweekse keuken staat zwaar onder vuur. Langs de ene zijde moeten wij, op last van de heren geneesheren, ongeveer allemaal op onze dagdagelijkse voeding letten. Want iedereen wie zo gezond mogelijk blijven en liefst zo gezond mogelijk zo oud mogelijk worden. Daarom worden we geacht om een oogje te houden op onze dagelijkse opname van verzadigde en onverzadigde vetzuren, proteïnen, koolhydraten, vezels, cholesterols, vitamines, mineralen, suikers, alcohol, antioxydanten, en noem maar op. Geen kat die er nog wijs uit geraakt, behalve misschien de heren geneesheren en aanverwanten zelf. Langs de andere kant bestookt de voedingsindustrie ons met duizenden kant en klaartoestanden, die naar eigen zeggen telkens barsten van de kwaliteit en die totaal voedselveilig zijn. Als schaamlapje voor dit gedoe wordt ons voorgehouden dat het moderne leven te druk en te jachtig is. En dat we dus niet meer over genoeg tijd beschikken om zelf onze doordeweekse maaltijden klaar te maken.

Je kan op die situatie natuurlijk op verschillende manieren reageren. Je kan doen alsof er niets aan de hand is en jezelf langzaamaan het ziekenhuis in vreten. Je kan jezelf volstouwen met diepvriespizza en je dan reppen naar de tennisclub. Want als ik het goed voor heb, is het aantal uren van de werkweek sinds de tweede wereldoorlog alleen maar verminderd. Het razend drukke tempo van de hedendaagse wereld komt er dus voorzal op neer dat mensen hun eigen agenda steeds maar voller zetten door zich met talloze vrijetijdsactiviteiten bezig te houden. Het snelle tempo blijkt dus vaak een totaal eigen keuze. Maar goed, ook op die manier komen we stilaan in het hospitaal terecht, dankzij opnieuw de onvolledige voeding (om van spierscheuren of geforceerde ruggen) nog te zwijgen. Een groep Italiaanse eetfreaks heeft daar een paar jaar geleden op gereageerd. Zij hebben de "Slow Food" beweging, die internationaal succesvol is, op gang gebracht. Slow Food staat voor authenticiteit en voor het feit dat je om te koken de tijd moet nemen die ervoor nodig is. Dat zijn natuurlijk uitgangspunten waar je kan achter staan. Maar de hele zaak wordt zeer principieel gespeeld, zodat ze wel wat naar fundamentalisme gaat ruiken. En zoals iedereen weet: fundamentalisme biedt nooit echte oplossingen. Met andere woorden: overdrijven in de andere richting heeft geen zin.

De best mogelijke oplossing om ons goed doordeweeks te voeden wordt ons in feite aangereikt door de wetenschap zelf. Om goed uitgebalanceerd, en dus zo gezond mogelijk, te eten moet een mens zich zo afwisselend mogelijk voeden. Het motto luidt dus afwisseling, afwisseling en nog eens afwisseling. Op die manier krijg je van alles een beetje binnen. Gelukkig leven we ondertussen in een wereld die geen grenzen en geen seizoenen meer kent. Het hele jaar door kunnen we van witloof, asperges, appelen, peren, mosselen en noem maar op voluit genieten. En dat houdt ook in dat een likje room en een klontje natuurboter geen verboden producten zijn, als ze een dag later maar vervangen worden door iets anders. De keuken van de afwisseling is dus gelukkig ook een genotkeuken. Dat is dan ook de ware reden waarom dit boekje, een samenbundeling van de «doordeweeks met Dirk »-rubriek uit Ambiance, is ontstaan.
De bedoeling is om in de eerst plaats ideetjes voor een meer afwisselende dagdagelijkse keuken aan te reiken. En dat op een doenbare manier. Met andere woorden, je hoeft er hoeft er het halve warenhuis niet voor te plunderen om een recept te maken. Ook in tijd zijn er beperkingen. De meeste recepten zijn volledig afgehandeld in een goede 40 minuten. Tot maximaal een uurtje. Een uitzondering hierop zijn een paar stoofgerechten die werden opgenomen. Daar is natuurlijk de bedoeling om ze de dag vooraf te bereiden, terwijl je toch al bij de potten staat. We gaan natuurlijk de afwisseling ook zoeken waar ze te vinden is. Bij ingrediënten die bovendien nog als zeer gezond geboekstaafd staan: groenten, fruit en vis. Een aantal vegetarische gerechten komt uiteraard ook aan bod. Een dagje vegetarisch eten heeft ook zo zijn charmes…
Dezelfde criteria gelden ook voor de kostprijs van de gerechten. Die moet meer dan haalbaar zijn. Geen truffels dus. Of combinaties van dure ingrediënten.
Enne, tussen haakjes: naast afwisseling in de voeding prijst de wetenschap ook aan dat we dagelijks beweging moeten nemen om gezond en fit te blijven. Wel, koken dat is bewegen: ingrediënten staande versnijden, zwieren met de potten en pannen, ovens vullen en leeghalen. En dan heb ik het nog niet over boodschappen doen en tafels opdekken en afruimen. Zelf doordeweeks koken en eten blijkt dus de gezondste bezigheid die er bestaat. En daarbij de plezierigste en lekkerste bezigheid. Of niet soms?

Dirk De Prins

De mosselen swingen vanaf de prille herfst de pan uit. Ze zijn dan op hun best.

Voor 4 personen

1 kg mosselen, 5 cl olijfolie, 1 sjalot, 5 cl droge witte wijn, 8 rijpe tomaten, 4 teentjes knoflook, 1 blikje ansjovis in olijfolie, 500 g verse tagliatelle, 1 eetlepel kappertjes in 't zuur, 2 eetlepels fijngehakte peterselie, peper.

Mosselnoedels

1. Eerst krijgen de mosselen een beurt. We wassen de schelpen verschillende keren om zandresten zoveel mogelijk te vermijden.
2. Daarna zetten we een pot op het fornuis. Er vloeit een scheutje olijfolie in uit. Daarin laten we de fijngehakte sjalot zachtjes zweten gedurende een minuut of drie.
3. Zwier alle mosselen de pan in. Peper ruim. Giet er het half glaasje witte wijn bij. Zet het deksel op de pot en het vuur eronder op maximale sterkte. Laat de mosselen onder deksel garen gedurende een minuut of zeven. Na een paar minuten kooktijd schudden we de pan even op. Haal de pot met gare mosselen van het vuur.
4. Giet voorzichtig het kookwater van de mosselen. Probeer niet alle kookvocht te recupereren, want dan komt er zand mee en dat is niet de bedoeling. Haal de ene helft van de mosselen uit de schelp. Houd alles bij, behalve de lege schelpen natuurlijk.
5. Plons de rijpe tomaten een tiental seconden in hard kokend water. Schil de tomaten, snijd ze in twee, pers er de pitten uit en versnijd het vruchtvlees in ruwe blokken.
6. Inmiddels staat een grote pot met water op het fornuis. Breng het water aan de kook en voeg zout en een scheutje olijfolie toe.
7. Laat een zeer grote braadpan of een grote sauteuze warm worden op het vuur. Een ruime, zeer ruime scheut olijfolie krijgt het er vervolgens ook warm in. Voeg de gehakte knoflook toe en laat een 30-tal seconden meefruiten. Hef de pan even op langs één kant. In het plasje olijfolie dat dan ontstaat, lossen we de grof gehakte ansjovisfilets op. Dat gaat makkelijk door de ansjovis te pletten met een vork. Zwier vervolgens de tomaten de pan in.
8. Het vocht van de tomaten mag nu gedurende vijf minuten verdampen op stevig vuur. Voeg dan het mosselsap toe en laat opnieuw gedurende een paar minuten inkoken.
9. Kook ondertussen de tagliatelli in het water. Laat de pasta beetgaar koken. Giet af.
10. Laat de gare pasta in de tomatenpan glijden. Voeg de kappertjes toe en meng voorzichtig maar grondig. De deegwaren mogen gedurende één minuut zachtjes in de pan alle parfums in zich opnemen. Zacht laten bakken dus, terwijl gemengd wordt.
11. Voeg de geklede en ontklede mosselen toe. Laat heel even warm worden. Vooral niet te lang want anders worden de mosselen hard. Meng met hemelse tederheid. Bestrooi met gehakte peterselie en serveer broeiend heet. Zonder kaas in de omgeving, want kaas verdoezelt te veel de fijne smaak van onze geschelpte vrienden.

• Tip

Wie nog een handgreepje roze garnalen toevoegt op het einde, verkrijgt een authentieke 'Frutte di Mare'.

• Doordeweekse dorst

Een heerlijk, verfrissend wit glas droge wijn van nederige afkomst. Want bij zo'n gerecht hoort een drinkwijn. In industriële hoeveelheden. Kies misschien voor een sympatieke Italiaan. Een goede Soave bijvoorbeeld. Of een zilte Vinho Verde uit Portugal, om verrassend uit de hoek te komen.

Risotto, een oeroud rijstgerecht uit Noord-Italië, is een prima alternatief voor de klassieke spaghetti. En dat begint inmiddels de hele wereld te weten. Want risotto zit in de lift. Ook bij ons.

Voor 4 personen

280 g risottorijst (in feite heet die rijst arborio), 4 zeer fijne sneetjes rauwe gedroogde ham (Duke of Flanders), 2 dikke sneden goede gekookte ham (Meesterlyck), 1 ui, 70 g gemalen parmezaanse kaas, 50 g gepelde okkernoten, 15 cl droge witte wijn, 1 l gevogeltebouillon, 60 g boter, peper en zout.

Risotto met noten en ham

1. De ui gaat eerst onder het mes. Laat het fijngesnipperd knolletje lieflijk opstoven in een klontje boter. Op een zacht vuurtje. Zonder te laten kleuren.
2. Na een minuut of vijf schuift de verbaasde rijst bij de ontroerde ui. De rijst mag zachtjes bakken, onder voortdurend roeren, tot hij glazig is geworden. Dat duurt een minuut of twee. Leng dan aan met de witte wijn. De wijn mag een vijftal minuten zacht inkoken. En dan fladdert de goede gevogeltebouillon de pot in. Een houten spatel helpt bij het roeren terwijl de rijst aan de kook gebracht wordt.
3. Wanneer de rijst het overgrote deel van de bouillon heeft opgezogen, mag het deksel op de pot. Laat garen op een mierzacht vuurtje en roer regelmatig om aanbakken te vermijden. Normaal gesproken is de risottorijst gaar na een kooktijd van 12 tot 18 minuten. Volg dus de kooktijd aangegeven op het pakje. De bedoeling is echter niet dat onze rijst droog kookt. Er moet nog wat vocht in het potje overblijven om straks een smeuïge risotto te berde te kunnen brengen.
4. De korreltjes zijn dus beetgaar geworden. Op dat moment draven de gepelde grof gehakte okkernoten de pot in. In het goede gezelschap van twee dikke sneden gekookte ham die in dobbelsteentjes gesneden werden. Laat opnieuw even aan de kook komen en haal dan de risotto van het vuur. Peper en wat zout zijn nu aan de orde.
5. Laat er nog een stevige klont boter en wat gemalen parmezaanse kaas bijschuiven, roer opnieuw en verdeel dan de heerlijk geurende rijst over de vier borden. Versier met wat overblijvende okkernoten het bord.
6. Als kroon op het werk komt op elke risotto een half sneetje rauwe gedroogde ham van topkwaliteit die gedroogd werd in de oven. Een uurtje in een oven van 120 graden geeft een wonderlijk krokant en diep smakend resultaat. En daarna kan het feest beginnen. de krakende ham versmelt met de zalvende rijst en het eetplezier kan niet meer stuk.

• Tip

Als er verse noten voorhanden zijn. niet twijfelen!

• Doordeweekse dorst

De jonge, frisse chianti staat al te popelen.

Het makkelijke aan risotto is dat deze heerlijke bereiding zowel dienst kan doen als voorgerecht of als maaltijd. Mooi meegenomen voor de liefhebbers van groenten.

Voor 4 personen

300 g risottorijst (Arborio), 1 sjalot, 1 dl droge witte wijn, 7 dl groentebouillon, 1 citroen, 250 g witte paddestoelen, 200 g verse jonge spinazie, 2 klontjes boter, 2 eetlepels olijfolie, 2 eetlepels room, 1 eetlepel gemalen parmezaanse kaas, 1 eetlepel fijngehakte platte peterselie, peper en zout.

Risotto met paddestoelen en spinazie

1. Hak de sjalot fijn, doe ze in een pot met dikke bodem en laat zweten op een zacht vuurtje in een klontje boter. Na twee minuten is de sjalot mooi doorschijnend geworden.
2. Laat de rijst bij de sjalot glijden en laat een minuut of twee zacht bakken. Roer regelmatig. De rijst mag niet kleuren maar moet mooi beginnen glanzen.
3. Ondertussen bakken we de schoongemaakte en in twee gesneden paddestoelen op in een pannetje met antikleeflaag. In een scheutje olijfolie. Het bakken neemt nauwelijks een minuut in beslag, vermits alles gebeurt op hoog vuur. Roer zeer vaak en peper uitvoerig..
4. Doe de paddestoelen bij de rijst. Giet er de witte wijn en de groentebouillon bij. Voeg de geraspte gele schil van de citroen toe. Breng al roerend aan de kook. Laat een minuut hevig borrelen.
5. Zet het vuur onder de pot piepklein. Dek af met het deksel en laat de rijst op een mierzacht vuurtje garen gedurende een twintigtal minuten. Roer regelmatig om aanplakken te vermijden.
6. Bak ondertussen de gewassen spinazie op in het pannetje met antikleeflaag. In wat olijfolie. En ook op hoog vuur. De spinazie zal eerst vocht verliezen en alle groene vloeistof moet verdampen uit de pan. Na twee minuten is de groente gaar.
7. Meng de spinazie onder de nog vochtige risotto. Voeg een scheutje room, een klein klontje boter en de parmezaanse kaas toe. Meng en bestrooi met fijngehakte platte peterselie en serveer zonder dralen.

• Tip

Wie het absoluut bij vlees wil houden serveert deze risotto bij een heerlijk gebraden kip.

•Doordeweekse dorst

Wit of rood, het maakt niet uit. Met een lichte voorkeur voor wit misschien. Een mooie Orvieto of een lichtvoetige witte Spanjaard, een Rueda misschien, klaart de klus zonder moeite.

Asperges zijn nu het hele jaar verkrijgbaar. Maar goede asperges vinden we enkel en alleen in mei en juni. Daar moeten we dus zelfs tijdens de werkweek van profiteren.

Voor 4 personen

400 g verse tagliatelle, 1 bussel hagelwitte asperges, een scheutje olijfolie, een klontje boter, 25 cl lopende room, een snuifje muskaatnoot, 1 eetlepel gemalen parmezaanse kaas, 1 eetlepel verse fijngehakte platte peterselie, peper en zeezout.

Tagliatelle met asperges

1. Met een scherpe fijnschiller gaan we eerst de asperges te lijf. We schillen de stengels stuk voor stuk vanaf 4 cm onder het kopje tot de staart. Het houterige uiteinde breken we af.
2. De kopjes (4 cm lang) van de asperges snijden we resoluut van de stengels. We houden ze apart. De stengels zelf versnijden we in schijfjes van een halve centimeter dik.
3. Op het fornuis zetten we een vrij grote pot op een zacht vuurtje. Er mag een klontje boter in uitsmelten. De aspergestukjes vliegen deze pot in. We laten de groenten gedurende een vijftal minuten zacht aanstoven, zonder kleuren..
4. Giet de room bij de asperges, zet het deksel op de pot en laat op een zacht vuurtje een kwartier stoven.
5. Haal het deksel van de pot. Voeg de punten toe en laat 5 minuten sudderen zonder deksel.
6. Kook ondertussen de verse tagliatelle volgens de regels van de kunst. in ruim kokend water waaraan wat zeezout en olijfolie zijn toegevoegd. Laat de pasta koken tot hij beetgaar is. Giet af en laat even uitlekken.
7. Strooi een lepel parmezaanse kaas bij de aspergeragout, voeg een snuifje muskaatnoot toe. Laat de tagliatelle bij de groenten glijden. Warm alles nog even op, meng voorzichtig en werk af met verse gehakte peterselie.

• Tip

Wie er een feestelijk gerecht wil van maken, kan eventueel helemaal op het einde wat snippers gerookte zalm toevoegen. Wie afgeschrikt wordt door room kan deze door tomatensaus vervangen. Voeg dan geen kaas toe. Maar zet de parmezaan bij op tafel.

• Doordeweekse dorst

Een koele bloemige, jonge witte Orvieto. Uit Italië dus.

Pasta vormt met de zee een goed huwelijk. En het grote voordeel is dat een pasta dienst kan doen als voorgerecht en als hoofdgerecht.

Voor 4 personen

400 g verse tagliatelle (noedels), 3 onbespoten citroenen, 10 cl droge witte wijn, 20 cl room, 200 g roze garnalen, 1 eetlepel fijngehakte platte peterselie, peper en zeezout.

Tagliatelle met citroen en garnaal

1. Tover een fijnschiller tevoorschijn en snijd daarmee de gele schil van de gewassen onbespoten citroenen. Versnijd de schil in fijne staafjes. En pers de citroenen uit.
2. Giet het citroensap met de witte wijn in een vrij grote pan. Voeg de schilletjes toe en breng aan de kook. Laat vlug inkoken tot op de helft.
3. Kook de pasta in een pot zonder deksel in water waaraan zout en een lepeltje olijfolie werden toegevoegd. Laat zo lang koken als op de verpakking van de noedels staat aangegeven.
4. Giet de tagliatelle af, maar houd een beetje kookwater bij.
5. Vlij de noedels in de pan met citroen. Voeg onmiddellijk de room toe, peper uitvoerig. Laat de garnalen bij de pasta dwarrelen.
6. Meng noedels en saus op het vuur gedurende één minuut. Tot alles goed warm is dus.
7. Verdeel de deegwaren over de warme borden. Werk af met nog wat extra garnalen en gehakte platte peterselie.

• Tip

Verse deegwaren hebben de neiging om zeer veel room op te slorpen. Maak de saus eventueel wat lopender met het kookwater van de pasta.

• Doordeweekse dorst

Om de 'couleur locale' intact te houden kunnen we hier misschien een Italiaanse witte naast zetten. Een Vernacchia bijvoorbeeld.

Deze pastasalade met verse zalm kan dienstdoen als lunch of als voorgerecht.

Voor 4 personen
400 g verse zalmfilet zonder vel, 250 gekookte macaroni (in stukken gesneden), 5 eetlepels zelfgemaakte mosterdmayonaise, 4 eetlepels goede olijfolie, 1 citroen, 2 sjalotten, 2 tomaten, 200 g fijne sperzicboontjes, peper en zout, 1 eetlepel fijngehakt bieslook.

Zalmmacaroni

1. Kook de pasta volgens de regels van de kunst. in gezouten water waaraan wat olijfolie werd toegevoegd. Zonder deksel. Uiteraard komt voor deze sla niet alleen macaroni in aanmerking. Penne kan ook, of spiraaltjes of vlindertjes. Meng de gekookte pasta met hemelse tederheid met de mayonaise. Zet dit geheel apart op een koel plekje.
2. Plons het stuk zalmfilet zonder vel in wat gezouten water dat net tegen het kookpunt aanzweeft. Laat de vis daar gedurende vijf minuten, niet langer, pocheren. Het kookwater mag tussen haakjes liefst nét niet koken. Schep na vijf minuten de vis uit het sop.
3. Laat afkoelen en verbrokkel met een vork de zalm in kleine stukjes. Die stukjes worden overgoten met de 4 eetlepels goede olijfolie en een paar druppels citroensap. Meng onder de vis de zeer fijn gesneden sjalotjes. Royaal peper en zout toevoegen. Ook de vis wordt nu op wachttoestand gezet.
4. Ontvel de tomaten door de nietsvermoedende bollen gedurende een tiental seconden in kokend water te zwieren. De doorgaans weerbarstige schil gaat er dan moeiteloos af. Snijd elke tomaat in vieren en haal er onvervaard de pitjes uit. Versnijd vervolgens het naakte tomatenvlees in sympathieke lange reepjes.
5. Gooi de sperziebonen in hard kokend, gezouten water. We laten een tiental minuten zeer hevig koken zonder deksel. Giet dan de fijne boontjes af en spoel ze onmiddellijk in koud water met ijsblokjes. Op die manier fixeer je de helgroene kleur.
6. De macaroni met mayonaise komt nu terecht in onze mooiste saladière. Strooi daarbovenop de kleurige groenten. sperziebonen en reepjes tomaat. En verdeel daarbovenop de verkruimelde zachtroze zalm. Om nog meer kleur in de zaak te brengen, en natuurlijk ook wegens de hartverheffende smaak. werk af met het fijngehakte bieslook en eventueel een bieslookbloempje.

• Tip
De verse zalm kan vervangen worden door gesnipperde, gerookte.
• Doordeweekse dorst
Probeer hier eens een droog, wit Bordeautje bij.

Broccoli heeft zo zijn voordelen. Maar ook zijn nadelen. De groente smaakt op zich verzengend lekker. De roosjes hebben echter de onbedaarlijke neiging om zichzelf tot een onsmakelijke moes om te toveren. Kortom, broccoli houdt van vluggertjes. Kort koken is dus de boodschap.

Voor vier personen
500 g macaroni, 50 g witte rozijnen, 1 kg broccoli, 6 ansjovisfilets in olijfolie, 1 ui, 2 teentjes knoflook, 500 g rijpe tomaten, 2 scheutjes olijfolie, 2 eetlepels pijnboompitten, 2 eetlepels fijngehakte peterselie, geraspte parmezaanse kaas.

Macaroni met broccoli

1. Laat de zelfingenomen rozijntjes een kwartier opzwellen in lauwwarm water.
2. Snijd de roosjes van de broccolistengel en plons de bloempjes in hard kokend, gezouten water. Na een zevental minuten zijn ze in principe beetgaar. Giet af en spoel de roosjes onder de koudwaterkraan. Houd de broccoli warm.
3. Snijd de ansjovisfilets in stukjes. Ontbloot de ui en snijd eveneens in dobbelsteentjes. Datzelfde lot wordt de knoflook beschoren. Plons de tomaten even, tien tellen, in kokend water. Het vel gaat eraf, de pitten eruit en het vruchtvlees versnijden we in grove blokjes.
4. De macaronipan staat ondertussen al op het vuur. Gevuld met gezouten water met wat olijfolie. Laat hierin de pasta al dente koken zonder deksel.
5. De pastapan krijgt op het fornuis het gezelschap van een stevige braadpan. Verhit daarin de rest van de olijfolie samen met de knoflook en de ui. Laat een minuut of drie zacht aanfruiten. De ansjovis mag dan de pan in. Plet met een vork de verbaasde vis in de hete olie. Schuif vervolgens de tomaten de pan in. Roer grondig en zet het vuur hoog. In een goede vijf minuten tijd is het water uit de tomaten totaal verdampt. Het vuur mag dan opnieuw zacht.
6. In onze tomatensaus vinden de broccoliroosjes en de uitgelekte rozijntjes nu hun gading. Laat zacht opwarmen gedurende een paar minuten, en peper uitvoerig, maar zout niet.
7. De macaroni is ondertussen uitnodigend beetgaar geworden. Giet de pasta af en zwier hem terug in de lege pan. De broccoli met tomatensaus wandelt erbij. Meng pasta en saus bovenop een zacht vlammetje.
8. Verdeel nu de smachtende macaroni over de borden. Elk bord wordt afgewerkt met de pijnboompitten en wat fijngehakte peterselie. Serveer bij deze wonderlijke macaroni de geraspte kaas.

• Tip
Bloemkool kan broccoli perfect vervangen
• Doordeweekse dorst
Valpolicella. Inderdaad rood, maar dan geserveerd op de temperatuur van witte wijn.

Een verrassings-gerecht. En wie denkt dat alleen vis in een papillot kan, heeft het danig mis.

Voor 4 personen

400 g penne (of korte macaroni), 500 g tomaten, 1 eetlepel olijfolie, 200 g mozarellakaas, een bosje verse basilicum, 4 klontjes boter, peper en zout.

Ingepakte penne

1. Zet de oven aan en laat voorverwarmen op 180 graden. Laat op het fornuis een pot met gezouten water en een streepje olijfolie aan de kook komen.
2. Kook in die dekselloze pot de penne beetgaar. (Kijk op het pakje om een idee te hebben van de gaartijd) Laat ze vooral niet té gaar worden. Giet de deegwaren af en houd even bij.
3. Tijdens het koken hebben we de tomaten even in het kokende water gedompeld. 10 seconden volstaan. Daarna pellen we de tomaten, persen er de pitjes uit en versnijden het vruchtvlees in kleine blokjes.
4. Hak de basilicum fijn. Snijd de mozarellakaas in kleine blokjes. Doe hetzelfde met de koude boter. Meng alle blokjes grondig door elkaar, samen met de basilicum. Peper uitvoerig.
5. Meng de hete pasta met de blokjes.
6. Verdeel de deegwaren over 4 blaadjes aluminiumfolie, die licht werden ingeolied met wat olijfolie.
7. Plooi de pakjes zorgvuldig toe en schuif ze gedurende tien minuten in de oven. Zet dan de opgebolde papillottes zo vlug mogelijk op tafel.

• Tip

De pasta kan uiteraard ook vooraf gekookt worden. Meng dan wel een scheutje olijfolie onder de gare pasta om aan elkaar klitten te vermijden.

• Doordeweekse dorst

Een jonge frisse chardonnay waarin geen hout te bespeuren valt.

Bolognesesaus is wereldberoemd. Behalve in Italië zelf. Want daar zegt men namelijk al ragù of al sugo. Want de samenstelling van de saus wil danig veranderen. Per streek en per seizoen. Eén van de meest geliefde zomerse Italiaanse vleessausen wordt gemaakt met lamsvlees. Met andere woorden: er staan vandaag bolognesesaus met lamsvlees op het menu. Samen met penne (geribde pastabuisjes).

Voor 4 personen

500 g penne, 750 g ontbeende lamsschouder, een scheut olijfolie, 1 ui, 1 eetlepel, geconcentreerde tomatenpuree, 20 cl droge witte wijn, 8 tomaten, een takje tijm, 1 theelepel rozemarijn, 2 laurierblaadjes, 4 knoflooktenen, peper en zout, gemalen parmezaanse kaas.

Penne alla lamsbolognese

1. Ontvet en ontvlies het vlees van de lamsschouder zo grondig mogelijk. Snijd het lam zelf in kleine stukjes van een centimeter of twee. Poot op het fornuis een stevige stoofpan neer. Leg daarin de olijfolie het vuur aan de schenen. Bak in de dampende olie het vlees op, zodat het aan alle kanten een bruin kleurtje heeft gekregen waar elke Siciliaan jaloers kan op zijn.
2. Schep het vlees uit de pan en zwier het braadvet in de vuilnisbak. Er komt nu nieuwe olijfolie in de pan. Bak daarin de fijngesnipperde ui zacht gedurende een minuut of acht. Als de ui glazig is geworden, gaat het vlees weer de pan in. De geconcentreerde tomatenpuree mag er nu bij.
3. Laat een minuutje zacht verder bakken en dan gaat de witte wijn bij het lam. Samen met de geschilde en ontpitte tomaten. En dan kan er gekruid worden. tijm, laurier en rozemarijn. En natuurlijk knoflook, peper en wat zout. Het deksel komt een paar minuten op de pan. Op die manier laten de verwonderde tomaten hun water los. En dan moet het deksel er opnieuw af.
4. Laat zonder deksel mierzacht stoven gedurende anderhalf uur. De ragout concentreert zich op die manier zachtjes. En er blijft een prachtige stevige saus over in de pot, die alle waterachtigheid heeft verloren.
5. Schep nu dit verheffende lamssausje over een machtige berg penne, die al dente gekookt werd. Wie dat wil, strooit er aan tafel versgemalen parmezaanse kaas over.

• Tip

De bereiding van de saus vraagt wel wat tijd. Begin er dus de dag vooraf aan. En maak voldoende, de saus wordt zelfs beter in de diepvries.

• Doordeweekse dorst

Stevige rode wijn. Côtes-du-Rhône bijvoorbeeld.

Ideaal om restjes te verwerken. Enfin, verwerken lijkt een understatement. Het is best mogelijk dat de liefhebbers de restjes lekkerder gaan vinden dan het gerecht van gisteren.

Voor 4 personen

2 gebraden kippenwitten (van gisteren), 2 gebraden chipolataworstjes (ook), 120 g gekookte rijst (inderdaad), 1 rijpe avocado, 2 takjes witte selderij, 6 witte paddestoelen, 100 g fijne groene tuinboontjes, 1/2 citroen.

• Voor de mayonaise

1 eierdooier, 1 koffielepel mosterd, 1 dl olijfolie, 1 dl arachide, 1 koffielepel kerriepoeder, 1/2 citroenpeper en zout, een bosje verse koriander.

Kerriesalade met rijst

1. Snijd de gebraden kippenwitten in stukjes. Snijd de gebakken chipolataworstjes in verleidelijke schijfjes. Meng alvast met de gare, afgekoelde rijst.
2. Snijd de rijpe avocado doormidden. Haal er de pit uit. Wrik met een lepel het vruchtvlees los. Versnijd de avocado in sympathieke stukjes. Besprenkel met citroensap en meng onder de rijst.
3. Zwier de in stukjes gesneden witte selderij gedurende 4 minuten in kokend water met zout. Giet af en laat uitlekken en afkoelen.
5. Kook de tuinboontjes gedurende 6 minuten beetgaar in hard kokend, gezouten water. Zonder deksel. Giet dan af en spoel de boontjes onmiddellijk onder koud water tot ze volledig afgekoeld zijn. Laat uitlekken. Snijd de boontjes in stukjes van een cm.
6. Maak de paddestoelen schoon en snijd ze in schijfjes.
7. Meng alle groenten onder de rijst.
8. Doe de eierdooier in een kom. Meng met een garde de dooier, wat zout en de mosterd. Wacht een minuut of drie. Werk dan de mayonaise dankzij een garde op met de arachide en de olijfolie. Voeg citroensap, peper en kerriepoeder toe.
9. Meng de mayonaise met de salade. Werk af met verse korianderblaadjes.

• Tip

Wie niet houdt van avocado, kan stukjes ananas en/of appel gebruiken.

• Doordeweekse dorst

Een kernachtige rosé uit de nieuwe wereld.

Een stevige vegetarische pasta die al parfums van de zon oproept.

Voor 4 personen

500 g verse tagliatelle (noedels), 1 grote courgette (of beter. 2 kleintjes), 1 ui, 2 teentjes knoflook, 10 cl groentebouillon (of kippenbouillon), 1 bosje basilicum, 3 eetlepels gemalen parmezaanse kaas, 2 tomaten, 5 eetlepels goede olijfolie, peper en zout, 2 eetlepels schilfers van parmezaan.

Pasta met courgettepesto

1. Was de courgette en snijd ze volledig in stukjes. Maak de ui schoon en hak ook in stukjes.
2. Zet een pan op het vuur en laat er 4 eetlepels olijfolie in warm worden.
3. Voeg de ui en de courgette toe. Laat op een zacht vuurtje bakken gedurende een kwartier. Roer regelmatig.
4. Hak de knoflook in stukjes en voeg toe aan de groenten. Laat nog 2 minuten lieflijk verder bakken.
5. Giet de bouillon bij de courgette. Laat aan de kook komen en 10 minuten zacht sudderen.
6. Maal de groenten fijn met de staafmixer tot een glad papje. Houd even apart.
7. Snijd de tomaten in 4 en haal er de pitjes en de harde groene knop uit. Snijd het tomatenvlees in sympathieke blokjes van een halve centimeter.
8. Zet een grote kom met water op het fornuis en breng aan de kook. Voeg een eetlepel olijfolie en goed wat zout toe aan het water. Kook de pasta zonder deksel tot ze beetgaar zijn. De basiskooktijd staat meestal op het pakje aangegeven.
9. Terwijl we de tagliatelle koken, brengen we ons sausje nog even aan de kook. Dan mag het van het vuur. Aan de saus voegen we de gemalen parmezaan toe en 2 eetlepels fijngehakte basilicum. Maal nog even met de staafmixer.
10. Giet de tagliatelle af en verdeel de pasta over de warme serveerborden. Peper de pasta uitvoerig met peper uit de molen. Overgiet met de courgettesaus. Bestrooi met de tomatenblokjes en de schilfers parmezaanse kaas. Versier eventueel nog elk bord met een paar blaadjes basilicum.

• Tip

Wie de zaak niet vegetarisch wil houden, kan nog afwerken met wat gebakken spekblokjes.

• Doordeweekse dorst

Een gebruiksvriendelijk droog wit wijntje klaart de zaak wonderwel. Een eenvoudige chardonnay bijvoorbeeld, waar geen eikenhout aan te pas is gekomen.

Haal voldoende mosselen in huis, om de dag daarna nogmaals, maar heel anders te genieten.

Voor 4 personen

175 g schelpjes (of een andere vrolijke pastavorm), 1 kg mosselen (indien nog rauw. een klontje boter, 1 ui, een takje groene selderij en peper), 1 calamar (of 20 calamarringen), 100 g roze garnalen, 1 eetlepel grof gehakte platte peterselie, 1 eetlepel olijfolie.

• Voor de dressing

5 rijpe tomaten, 1 sjalot, 1 teentje knoflook, 4 eetlepels goede olijfolie, 1 koffielepel balsamicoazijn, een paar druppels witte alcoholazijn, 1 eetlepel mosselsap, peper en zout.

Pastasalade met zeevruchten

1. Kook de pasta beetgaar volgens de regels van de kunst, in gezouten water, zonder deksel. Giet af en meng onmiddellijk een lepel olijfolie onder de pasta. Laat afkoelen.
2. Kook de mosselen gaar. laat eerst de fijngehakte ui en selderij wat aanstoven in boter en wat water. Voeg de goed gewassen mosselen toe, peper uitvoerig, overgiet met een half glas water, zet het deksel op de pot en laat de mosselen een achttal minuten garen op hoog vuur. Haal de afgekoelde mosselen uit hun schelpen. Hou een paar prachtexemplaren in de schelp bij voor de latere decoratie.
3. Zeef het mosselsap. Houd een eetlepeltje apart voor de vinaigrette. Laat het sap op het vuur aan de kook komen, zet dan het vuur lager. Zwier de inktvisringen in het sap en laat de inktvis 5 à 10 minuten pocheren in het sap dat tegen het kookpunt aanzweeft. Waarom 5 à 10 minuten. Alles hangt af van de staat van ontvriezing van de calamar. Vis dan de ringen uit het sap en laat ze afkoelen.
4. Plons de tomaten gedurende 10 seconden in kokend water. Schil en ontpit de tomaten. Hak het vruchtvlees in grove stukken.
5. Laat de fijngesnipperde sjalot en de knoflook zonder kleuren gedurende 2 minuten stoven in een scheutje olijfolie. Voeg dan de tomaten toe. Laat een kwartiertje pruttelen tot het tomatenvocht verdampt is.
6. Maal de tomatenpuree met de staafmixer tot een gladde pasta. Voeg peper en zout, olijfolie, balsamico, alcoholazijn, mosselsap toe. Klop met de garde tot een mooie roze, haast gebonden vinaigrette is ontstaan.
7. Meng pasta, mosselen, inktvisringen en roze garnalen lieflijk door elkaar. Overgiet met de vinaigrette en werk af met fijngehakte platte peterselie.

• Tip

Er kunnen natuurlijk ook groenten aan te pas komen. Komkommer en/of tomaat bijvoorbeeld.

• Doordeweekse dorst

Een bloemige, kruidige beendroge witte wijn. Uit de Rhône of uit Spanje bijvoorbeeld.

Gnocchi zijn in feite Italiaanse deegwaren waarin aardappelen verwerkt zijn. Een uniek lekker uitgangspunt voor een doordeweekse groenteschotel.

Voor 4 personen

600 g verse gnocchi (kant-en-klaar te koop in de winkel), 2 eetlepels olijfolie,1 sjalot, 2 teentjes knoflook, 400 g paddestoelen (liefst een mengsel van verschillende soorten, witte, blonde, oesterzwam, shii-take en/of wilde paddestoelen), 1 koffielepel bloem, 1 dl goede rode wijn, 1 1/2 dl groente- of kippenbouillon, 2 koffielepels zoete sojasaus, 1 eetlepel lichte room, een snuifje oregano, een bosje verse salie, peper en zout.

Gepaddestoelde gnocchi

1. Hak de sjalot fijn en gooi in een sauspannetje. De sjalot mag een minuut of drie zacht stoven in wat olijfolie. Voeg dan de fijngehakte knoflook toe. Wacht een minuut en bestrooi met de bloem. Laat een paar seconden zacht doorbakken om de bloem te garen.
2. Giet alle vloeibare bestanddelen de sauspan in. rode wijn, groentebouillon, sojasaus en room. Laat al roerend aan de kook komen. De saus mag een paar minuten sudderen zonder deksel op een zacht vuurtje.
3. Maak de paddestoelen schoon met een borsteltje. Spoel de meest aardrijke exemplaren onder stromend water. Versnijd vervolgens in smakelijke plakjes.
4. Leg een braadpan het vuur danig aan de schenen. De pan moet werkelijk heel warm worden. Giet er wat olijfolie in en strooi de paddestoelen in de dampende olie.
5. Roer voortdurend met een spatel en bak de champignons op hoog vuur gedurende een minuut. Zout niet. Maar peper uitvoerig.
6. Laat de paddestoelen in de saus glijden, die nog even zacht mag verder sudderen. Voeg de oregano en wat verse fijngehakte salie toe.
7. Kook de gnocchi in ruim gezouten water. Zonder deksel. Als de deegwaren komen bovendrijven zijn ze gaar.
8. Schuif de gnocchi in een verwarmde serveerschotel, giet er de dampende saus over, werk af met wat verse salieblaadjes en poot neer op tafel.

• Tip

Wie verse basilicum bij de hand heeft. gebruiken!

• Doordeweekse dorst

Beaujolais. Maar van goede kwaliteit.

Zelfs de meest plichtbewuste Italiaanse mama heeft wel eens wat gekookte spaghetti over. En op die manier worden soms prachtige maar simpele recepten geboren.

Voor 4 personen

350 fijne spaghetti, 200 g grote roze garnalen, 3 eieren, 3 eetlepels fijngehakte peterselie, 80 g geraspte parmezaanse kaas, een flinke scheut olijfolie, peper.

Zilte spaghettistruif

1. De fijne spaghetti wordt eerst gekookt in ruim gezouten water met wat olijfolie. Zonder deksel. Spoel na het afgieten - en alleen voor dit recept - de beetgare pasta eventjes met koud water.
2. Snijd, terwijl de deegwaren lustig aan het borrelen zijn, de roze garnalen in kleine stukjes. Er komt nu een grote slakom tevoorschijn. Breek boven de kom de eieren. Klop even los en laat dan de gezellige garnalen erbij glijden. De gehakte peterselie stuift er eveneens in. Evenals de gemalen parmezaanse kaas. En een hoeveelheid vers gemalen peper waar een grossist jaloers kan op zijn.
3. Klop nu met de fameuze sadistische sauszweep tot een mooie gladde eierpap. En dan pas glijdt de koude, gekookte spaghetti de eiermassa in.
4. Op het ouwe trouwe fornuis komt nu een grote koekenpan te staan. Laat de pan zacht warm worden en zwier er dan een ferme scheut olijfolie in. Het spaghetti-eiermengsel glijdt nu voorzichtig de pan in.
5. Laat de eierstruif op een zacht vuurtje een lichtbruin kleurtje krijgen aan de onderkant. Dat duurt een goede tien minuten. En dan komt het knelpunt. Hoe de omelet omdraaien? Wel, dek de pan volledig af met een groot bord of ronde serveerschotel. Draai met een beslist gebaar de pan ondersteboven. De eierstruif laat los en rust met de nog vochtige, ex-bovenkant op het bord.
6. De pan mag opnieuw op het vuur, met een nieuw scheutje olijfolie. Laat dan de omelet voorzichtig van het bord gewoon opnieuw in de pan glijden. En de klus is geklaard. Nog een paar minuten verder laten garen op zacht vuur en dit Italiaans boerenomeletje kan op tafel verschijnen.

• Tip

Voeg een klein scheutje melk toe aan de eieren. Dat maakt het gerecht nog beter verteerbaar.

• Doordeweekse dorst

Een sauvignon blanc (uit Nieuw-Zeeland?)

Voor ons klinkt het ietwat raar: spaghetti met witte bonen. In Italië is dit gerecht één van de meest populaire doordeweekse gerechten. En op gebied van deegwaren weten de Italianen wel wat lekker is...

Voor 4 personen
450 g spaghetti, 1 ui, 2 teentjes knoflook, 1 dl groentebouillon (van een blokje mag ook), 1 dl droge witte wijn, 5 dl tomatencoulis (passata), een snuifje suiker, 1 eetlepel kappertjes in 't zuur, 20 ontpitte en doormidden gesneden zwarte olijven, 1 koffielepel oregano, 300 g witte boontjes uit een bokaal of blik, 1 eetlepel gehakte platte peterselie, olijfolie, peper en zeezout.

Spaghetti met witte bonen

1. Hak de ui fijn en laat gedurende 5 minuten stoven in wat olijfolie. Roer regelmatig want de ui mag niet kleuren. Voeg dan de fijngehakte knoflook toe en laat nog een minuut verder aanfruiten.
2. Giet de witte wijn bij de ui. Laat vlug inkoken tot op de helft van het volume. Keil dan de groentebouillon en de tomatensaus de pot in. Laat de saus dan gedurende een kwartiertje lustig pruttelen zonder deksel. De hele zaak mag wat indikken.
3. Zet een grote kom met water op het fornuis en breng aan de kook. Als het water opborrelt voegen we goed wat zout (maakt de deegwaren lekkerder) en een scheutje olijfolie toe. Hierin koken we de spaghetti "al dente" zonder deksel. De kooktijd staat normalerwijze aangegeven op het pakje. Giet de spaghetti af boven een vergiet. Zwier dan de spaghetti opnieuw de pot in samen met een scheut goede olijfolie.
4. Voeg de uitgelekte bonen, de kappers, de oregano en de olijven toe aan de tomatensaus. Breng opnieuw aan de kook en haal de pot dan onmiddellijk van het vuur. Peper en zout.
5. Giet de saus bij de spaghetti en meng alles teder (om de boontjes niet te kwetsen) maar grondig door elkaar. Schep de spaghetti over in een mooie en verwarmde serveerschotel. Bestrooi met fijngehakte platte peterselie.
6. Rep je naar tafel toe.

• Tip

Laat de obligate emmenthal of gruyère maar achterwege. Wie deze spaghetti op z'n Italiaans wil binnenspelen, strooit er liefst wat vers gemalen peccorinokaas over. Parmezaan kan ook.

• Doordeweekse dorst

Een elegant rood landwijntje doet wonderen bij deze spaghetti. Zoek misschien eens naar een goede Valpolicella (niet makkelijk te vinden, tussen haakjes).

FRUIT

Met fruit kan een levensgenieter alle kanten op. Ook alle gezonde kanten.

Voor 4 personen

1/2 ananas, 1/2 kleine rijpe meloen 5 (Gallia), 250 g aardbeien, 1 rijpe mango, 1 banaan, 1 limoen, 200 g yoghurt, 2 eetlepels lopende honing, 1 takje verse munt.

Exotisch gezonde fruitsla

1. Schil de ananas, verwijder het harde hart en versnij het sappige vruchtvlees in blokjes. Halveer de meloen, haal er de pitten uit, schil en versnijd het vruchtvlees eveneens in blokjes, ontpit en schil de mango en maak van het vruchtvlees blokjes. Ontsteel de aardbeien en snijd ze in twee. Schil de banaan en tover ze om in schijfjes. Pers dan onmiddellijk de limoen uit boven het fruit en meng voorzichtig maar grondig. Op die manier blijft de banaan hagelwit.
2. Giet de yoghurt in een kom, laat er de lopende honing bijvloeien en meng grondig met een klopper.
3. Laat de yoghurt uitvloeien over de fruitsla. Versier met wat fijngesnipperde verse munt en een paar volledige blaadjes. Serveer onmiddellijk.

• Tip

Dit prachtige fruitslaatje kan ook indrukwekkende diensten verrichten bij het ontbijt. Bewaar yoghurt met honing en de afgedekte fruitsla gescheiden in de koelkast.

• Doordeweekse dorst

Een koel glas likoreus natuurlijk. Een wijn in de Sauternesstijl dus.
Zoek misschien eens in Loupiac, Sainte Croix du Mont of aanverwante.

Een warm dessert. Een zoete omelet. Een vergeten nagerecht trouwens. Een heerlijkheid. Klaar in een wip. Met hét fruit van het seizoen.

Voor 4 personen

5 eieren, 50 g boter (jaja, minder mag ook), 5 eetlepels poedersuiker, 5 cl frambozenbrandewijn, 200 g aardbeien.

Aardbeienomelet

1. Verwijder de steeltjes uit de aardbeien, maar was ze niet. Aardbeien hebben namelijk een hekel aan water, ze verliezen er al hun smaak van. Snijd de beien in dikke stukken.
2. Breek de eieren boven een kom. Klop ze schuimig met een garde. Voeg de suiker en de frambozenbrandewijn toe. Klop nog een minuut door tot de suiker is opgelost.
3. Zet een braadpan op het vuur en laat ze even warm worden. Laat de boter uitsmelten in de pan.
4. Giet al kloppend de eieren in de pan. Meng even met de garde of een spatel in de eieren om de boter te laten opnemen. Laat de omelet op een zacht vuurtje vast worden.
5. Hef de pan een beetje op met de steel. Laat de omelet over de rand schuiven. Leg in het midden de stukjes aardbei. Plooi de omelet toe over de aardbeien.
6. Laat nog een minuutje zacht bakken.
7. Schuif de omelet op een serveerschotel en versier met een paar hele aardbeien.

• Tip

Laat de eieren niet te gaar worden voor het omplooien. Want anders breekt de omelet.

• Doordeweekse dorst

Een glas muskaatwijn, natuurlijk.

We profiteren met volle teugen van het seizoen...

Voor 4 personen
500 g aardbeien, 1 eetlepel geconfijte gember, 3 eetlepels griessuiker, 2 eetlepels vers sinaasappelsap, 1 eetlepel vers citroensap, 1 onbespoten citroen.

Aardbeien met gember

1. Maak de aardbeien schoon, maar was ze liefst niet. Snijd de vruchten in artistiek verantwoorde schijfjes of stukken.
2. Snijd de gekonfijte gember (overal verkrijgbaar in bokaaltjes in het grootwarenhuis) in piepkleine stukjes. Voeg bij de aardbeien.
3. Bestrooi alles met de suiker en overgiet met sinaas- en citroensap. Meng en zet een half uurtje weg in de koelkast.
4. Haal met een fijnschiller de gele schil van de onbespoten citroen. Snijd de schil in lange repen, die mooi opkrullen. Leg de schillen in een pannetje met koud water. Breng aan de kook en laat drie minuten koken. Giet de schillen vervolgens af en laat uitlekken.
5. Meng de aarbeien nog even. Verdeel over individuele kommetjes. Versier met de geurige citroenschil.

• Tip
Een bolletje goed chocolade-ijs maakt dit heerlijke dessert compleet in alle betekenissen van het woord.
• Doordeweekse dorst
Laat de koele muskaatwijn maar aanrukken!

Bananen worden bij ons onderschat. Ze dienen meestal als tussendoortje. Maar gebakken bananen zijn een formidabel doordeweeks dessert.

Voor 4 personen

4 groene onrijpe bananen, een klontje boter, 1 overvolle eetlepel griessuiker,
1 koffielepel kaneelpoeder, 5 cl rum (wit of bruin, het maakt niet uit als het maar rum is).

Gebakken kaneelbananen

1. Schil de onrijpe bananen en snijd ze in de lengte in twee.
2. Bestrooi de halve bananen discreet met een beetje kaneelpoeder.
3. Laat een pannetje met antikleeflaag warm worden op het vuur. Laat er dan het klontje boter in uitsmelten. Leg de halve bananen in de schuimende boter.
4. Bestrooi het fruit met griessuiker.
5. Laat de bananen tien minuten zacht bakken in de pan. Draai elke banaan om na 5 minuten.
6. Overgiet het goudgele fruit met rum, haal de pan van het vuur en kom met een aangestoken lucifer in de buurt. Laat de bananen flamberen. Serveer op warme dessertborden.

• Tip

Warme chocoladesaus, liefst zelfgemaakt met gitzwarte chocolade, doet een ongeluk bij deze wonderbananen.

• Doordeweekse dorst

Keuze te over. een banuyls (voor de klassieker), een goede port (voor de durvers), een oude madera (voor de kenners).

Bestaat er iets lekkerders dan een sappige rijpe peer? Peren in de oven misschien…

Voor 4 personen

6 peren, 1 citroen, 2 klontjes boter, 3 eetlepels griessuiker, 1 dl witte dessertwijn (type Monbazillac en dergelijke), 3 eetlepels 'poire williams' brandewijn, 2 eetlepels amandelschilfers.

Peren in de oven

1. Schil de peren, snijd ze in twee en snijd er het pittige hart en het draderige binnenste uit. Wrijf de geschilde peren onmiddellijk in met een halve citroen.
2. Boter een ovenschotel in en schik hierin de peren met de platte kant op de bodem. De halve peren liggen intiem dicht bij elkaar. Pers een halve citroen uit boven het fruit.
3. Meng suiker, witte wijn en poire williams in een kommetje. Giet het mengsel over het fruit.
4. Leg op elke peer een klontje boter (twee mag ook). Strooi er dan de amandelschilfers over uit.
5. Schuif de schotel gedurende 20 tot 25 minuten in de voorverwarmde oven die staat afgesteld op 220°C.

• Tip

Dit gerecht kan zowel warm, lauw als koud naar binnen gespeeld worden. Sausliefhebbers serveren er een goede chocoladesaus bij.

• Doordeweekse dorst

Inderdaad, een Monbazillac, een Loupiac, een Sainte Croix du Mont, Jurançon, Pacherenc, Coteaux du Layon, of noem maar op. Uit de Nieuwe Wereld mag natuurlijk ook. En zelfs uit Duitsland. Als het maar wit en likoreus is.

Ook nagerechten hebben hun plaats in de dagdagelijkse keuken. Dat spreekt voor zich. Een goed dessert brengt immers de vertering op gang en schenkt ons een rustgevend gevoel. Precies wat we nodig hebben dus.

Voor 4 personen

1 grote ananas, een klontje boter.

• Voor de crumble

100 g boter, 100 g bloem, 100 g amandelpoeder, 100 g griessuiker.

Ananascrumble

1. Laat de boter op kamertemperatuur komen of warm ze even op in de micro-wave.
2. Leg de boter in een kom en plet met een vork tot ze zacht is geworden.
3. Voeg suiker, amandelpoeder en bloem toe.
4. Kneed zachtjes, met hemelse tederheid met de vingertoppen tot een grofkorrelig deeg is ontstaan. Ga met het kneden vooral niet hardhandig te werk. Het deeg komt klaar in een paar minuten.
5. Schil de ananas. Snijd het harde hart binnenin weg. Versnijd het zachte vruchtvlees in blokjes.
6. Zet een pan op het vuur en laat er een klontje boter in uitsmelten. Bak hierin de stukjes ananas op stevig vuur. Roer onophoudend. Na een minuut of vier hebben de ananasstukjes een kleurtje gekregen. De pan mag dan van het fornuis.
7. Boter een ovenschoteltje in dat je normaal voor gratins gebruikt. Verdeel de ananas over de bodem. Verkruimel het deeg boven op het fruit. Laat 15 minuten bakken in de oven die staat afgesteld op 160 graden.
8. Serveer lauw, in gezelschap van wat opgeklopte maar nog lopende, licht gesuikerde room.

• Tip

Crumbles kunnen met zowat alle denkbare fruitsoorten gemaakt worden. Fruit als appelen, peren, mango's wordt eerst even opgebakken in de boter om te beletten dat het straks vocht verliest in de oven.

• Doordeweekse dorst

Ach, als we toch aan het zondigen zijn. een zoete jurançon van een goed jaar. Maakt bij de crumble de rest van het jaar goed.

De tropen brengen altijd de zon in huis. En een warm dessert doet altijd wonderen…

Voor 4 personen

1 kleine verse ananas, 2 stevige klonten boter, 2 vanillestokjes, 20 cl water, 150 g suiker, 3 eetlepels bruine rum, 2 eetlepels witte wijnazijn.

Ananas met vanillesaus

1. Laat een stevige klont boter op kamertemperatuur komen. Snijd de vanillestokjes in de lengte doormidden en schraap er met een mesje het zwarte merg uit. Meng merg en boter tot een pommade. Houd apart.
2. Giet het water in een pannetje en voeg de suiker toe. Breng al roerend aan de kook. Als de suiker volledig is opgelost, mag de siroop nog een minuut doorkoken. Zet deze siroop even apart.
3. Snijd met een groot mes de schil van de ananas. Snijd het vruchtvlees vervolgens in schijven van ongeveer 2 cm dik. Met een mesje verwijderen we het harde hart uit elke fruitschijf.
4. Zet een grote pan met antikleeflaag op hoog vuur. Laat er een stevige klont boter in uitsmelten. Vlij de ananasplakken in de schuimende boter. Bak het fruit gedurende 3 minuten langs elke kant. De ananas mag een bruin kleurtje krijgen, dan smaakt hij nog lekkerder.
5. Schep de ananas even uit de pan en giet het braadvet weg. Het fruit mag dan opnieuw de pan in. Op een zacht vuurtje.
6. Giet de rum bij de ananas. Laat even inkoken en voeg dan de wijnazijn toe. Laat opnieuw even inkoken. Giet dan de siroop bij de ananas. Laat een tiental minuten zacht sudderen zonder deksel.
7. Verdeel de schijven ananas over de warme borden. De vanilleboter laten we nu uitsmelten in de saus in de pan. Dat uitsmelten gaat het best door de pan ritmisch heen en weer te schuiven op het aanrecht. Overgiet de ananas dan met de saus.

• Tip

Serveer bij de ananas een bolletje roomijs. Smaak naar keuze.

• Doordeweekse dorst

Een witte dessertwijn die geurt en smaakt naar tropisch fruit natuurlijk.

Pomelo's lijken op pompelmoezen maar zijn groter van omvang en ze smaken heerlijk zacht en fris.

Voor 6 personen

2 pomelo's, 5 sinaasappels, 1 onbespoten citroen, 50 cl vers sinaasappelsap, 20 cl zoete muskaatwijn, 300 g griessuiker, 1 pijpje kaneel, 2 steranijszaden, 2 kruidnagels, 1 vanillestokje, 20 g blaadjes gelatine, een paar muntblaadjes.

Wiebelende citrus

1. Neem eerst de citrusvruchten onder handen. Schil de pomelo's, de sinaasappels en de citroen en snijd met een scherp mesje de parten los. Snijd dus tussen de tussenschotjes, haal eventuele pitjes weg en versnijd alles in mooie stukjes die in een kom terechtkomen. Zet die kom even weg in de koelkast.
2. Met die citrusstukjes wordt met zelden gezien enthousiasme een prachtige aspic (dat is Brussels voor gelei) opgevoerd. Op het fornuis komt een pan te staan met daarin 25 cl sinaasappelsap, 150 g suiker en de zoete muskaatwijn. Als kruiderij komen de kaneel, de kruidnagels, de steranijs en vanillestokjes (in tweeën gesneden) erin terecht. Laat alles zacht opwarmen tot de suiker volledig is opgelost. Laat echter niet aan de kook komen. De suikersiroop mag dan zacht onder deksel afkoelen gedurende 10 minuten (de kruiden blijven erin).
3. Laat ondertussen de gelatineblaadjes zacht worden in wat lauw water. Pers er vervolgens alle water uit met de handen en zwier ze in de nog lauwe siroop. De blaadjes moeten volledig uitsmelten. Laat onder het roeren het overblijvende sinaasappelsap bij de siroop vloeien. Ook het sap dat uit onze partjes is gekropen, mag erbij.
4. Zeef nu de siroop om de weerbarstige kruiderij eruit te halen. De citrusstukjes zijn inmiddels weer tevoorschijn gekomen. Verdeel ze over 6 sympathieke potjes. Meng tussen de citrus vliegensvlug wat fijngehakte muntblaadjes.
5. Vul tot slot de potjes op met gelei. Die verdwijnen nu voor ten minste 6 uur in de koelkast om op te stijven. Tijd genoeg dus om van de gele citroenschil mooie lange en fijne reepjes te snijden. Zo van die reepjes die krullen. Konfijt deze slingers gedurende 15 minuten in een siroopje van 20 cl water met de rest van de suiker. Laat ze zachtjes koken en laat afkoelen in de siroop.
6. En dan breekt na 6 uur het grote moment aan. Dompel de potjes even met hun kontje in heet water en laat de inhoud dan omgekeerd op een bord uit de vorm glijden. De uitgelekte gekonfijte citroenslingers komen er rondom en eroverheen. Samen met een paar decoratieve muntblaadjes.

• Tip

Ook mandarijntjes kunnen van de partij zijn.

• Doordeweekse dorst

Zoet muskaatwijn natuurlijk.

Nectarines hebben het moeilijk in het leven. Ze kunnen niet kiezen. Half perzik, half pruim. Maar dat maakt de smaak gelukkig niet minder fascinerend en verfrissend.

Voor een taartvorm van 24 cm doorsnede

1 pakje kant-en-klaar uitgerold brokkeldeeg, 750 g nectarines, 100 g boter, 125 g griessuiker, 125 g amandelpoeder, 2 eieren, 1 eetlepel fijngehakte groene pistachenootjes, 2 eetlepels poedersuiker.

Nectarinetaart

1. We nemen eerst onze taartvorm onder handen. Boter de vorm even lieflijk in. Vlij dan het kant-en-klare brokkeldeeg lieflijk in de vorm. Deeg dat je kan kopen in het grootwarenhuis is van uitstekende kwaliteit, zeker als het deegje in kwestie gemaakt werd met natuurboter.
2. Druk met hemelse tederheid de randen even aan, zodat de vorm helemaal gevuld is, en rol met brute kracht en een deegrol de bovenzijde af. Een doordeweekse vork helpt dan om het deeg op de bodem van de vorm hier en daar te doorprikken. De vorm mag dan even wachten.
3. Laat op een boterzacht vuurtje de boter smelten en giet dan over in een bol. Schuif daar dan het amandelpoeder, de griessuiker, de hele eieren (zonder de schelp weliswaar) en de rum bij. Mix vrolijk tot een mooi glad papje is ontstaan.
4. Deze geheimzinnige pap glijdt dan in de taartvorm. Strijk ze met een spatel mooi gelijkmatig. Snijd met enthousiasme en een scherp mesje nu de nectarines eerst in tweeën. De pitten worden eruit gewrikt. Versnijd het vruchtvlees in sympathieke halve maantjes. Verdeel de maantjes nu over de taart. Druk ze met de schilkant naar boven in de amandelcrème. Aan de buitenzijde gebeurt dat natuurlijk in cirkelvorm. Laat voor het midden de verbeelding spreken. maak bijvoorbeeld een sterretje. De hele bovenzijde is nu bedekt met kleurig rode, in de crème verdrinkende nectarinepartjes.
5. Bestrooi de taart nu met een lepeltje poedersuiker en de vorm galoppeert dan de voorverwarmde oven in. Die staat afgesteld op 180 graden. Na maximaal vijftig minuten is de taart klaargekomen. Ze komt uit de oven, schuift uit de vorm en mag lustig afkoelen op een rooster.
6. Strooi om af te werken de felgroene, fijngehakte pistachenootjes over de stralende nectarinetaart en de ultieme "finishing touch " wordt wat losweg uitgestrooide poedersuiker.

• Tip

In de pruimentijd vervangen we de nectarines door... inderdaad!

• Doordeweekse dorst

Een stevige kop koffie.

Het hele jaar door bieden appelen zich schaamteloos aan. Maar in feite is de appel een typisch herfstfruit. In vroeger dagen keek men echt uit naar de nieuwe appeloogst. Met recht en reden trouwens, want een appeltje voor de dorst, daar kan toch weinig tegen op. Appelen doen bovendien wonderen in warme desserts die de eerste donkere avonden de nodige gloed verlenen. Daarom deze warme appelomelet, een gerecht uit het verleden, dat vandaag beter smaakt dan ooit.

Voor 4 personen

3 Jonagoldappelen, 100 g boter, 120 griessuiker, 5 cl calvados, 8 eieren, een mespunt kaneelpoeder, 50 poedersuiker, een snuifje zout.

Appelomelet

1. De appelen gaan eerst onder het mes. Schillen luidt het motto. Versnijd elke appel in acht parten en haal er de klokhuisstukken uit. Warm op het fornuis 80 g boter op, en laat de appeltjes de boter inspringen. Laat het fruit op een zacht vuurtje bakken. Gedurende drie minuten.
2. Strooi uit de losse pols 80 g griessuiker, cristallisé in 't Vlaams, uit over het fruit. De appeltjes mogen nu zachtjes karameliseren gedurende een tiental minuten. Op een zacht vuurtje, dus. Draai de partjes regelmatig om.
3. Kwak om af te sluiten een scheutje calvados bij de appelen, laat even opwarmen en steek er de fik in. Om het deftig uit te drukken. flambeer de appelparten. Houd dan de appeltjes apart.
4. Er komt nu een kom tevoorschijn. De eieren gaan voor de bijl. Breek ze boven de bol. Er gaat een snuifje zout bij (zout doet altijd wonderen bij zoet) en 40 g griessuiker. Klop de eieren vervolgens los met een vork.
5. Leg in een grote pan met antikleeflaag 80 g boter het vuur aan de schenen. De eieren glijden de pan in, roer even met een spatel tot de eitjes een zekere dikte krijgen. Laat dan de omelet vorm krijgen.
6. Schik na een minuut of zeven de appelparten in het midden van de eierkoek. Mooi in een rijtje bij en achter elkaar. Plooi vervolgens met de hulp van een spateltje de randen van de omelet toe over de zijkanten van de appelen. Zet nu een deksel op de kookpan en laat nog vijf minuten zacht verder garen.
7. De appelomelet glijdt dan op een beboterde serveerschotel. Bestrooi met de poedersuiker en schuif de omelet zo dicht mogelijk onder de gloeiende grill in de oven. Hoe dichter hoe beter. In geen tijd krijgt het nagerecht een prachtig bruin kleurtje.
8. Warm ondertussen nog een scheutje calvados op in een pannetje. De hete calvados vloeit over de omelet. Houd een brandende lucifer in de buurt en steven met de vlammende appeleieren richting eetkamer.

• Tip

Gebruik een pan met antikleeflaag.

• Doordeweekse dorst

Een glas bruisende appelcider.

Warme kiwi's.
Klaar in een wip.

Voor 4 personen
6 kiwi's, 4 eigelen, 100 g suiker, 15 cl zoete muskaatwijn, eventueel een paar blaadjes verse munt.

Kiwi's met korstje

1. Schil de rijpe kiwi's en snijd in de gebruikelijke fijne schijfjes.
2. Schik de kiwischijven in vier vuurvaste schaaltjes.
3. Tover de handmixer met kloppers tevoorschijn.
4. Klop de eigelen samen met de suiker op in een potje tot een witte en romige crème is ontstaan.
5. Steek de grill aan in de oven.
6. Hang het potje met ex-eigelen in een andere pot, waarin zich zacht kokend water bevindt. Met andere woorden: we maken een bain-marie. Ervaren koks kunnen het sabayongebeuren ook tot een goed einde brengen op een mierzacht vuurtje.
7. Giet een eetlepel muskaatwijn bij de eigelen en klop, klop, klop, klop terwijl het mengsel zachtjes opwarmt. Opnieuw gaat er een lepel muskaat bij, enzovoort, tot alle wijn verdwenen is en het mengsel in de pan verdubbeld in volume. Het resultaat is een gebonden schuim dat niet aan de kook mag komen, een sabayon dus.
8. Giet de sabayon over de kiwi's.
9. Schuif de schaaltjes in de oven, zo dicht mogelijk onder de grill. Na een paar seconden vormt zich hier en daar een bruin korstje. Dat moeten we hebben. Na een paar seconden dus komen de kommetjes uit de oven.
10. Versier met een paar muntblaadjes en serveer onmiddellijk.

• Tip
Rijpe kiwi's zijn onvindbaar in de handel. Laat dus ook thuis een paar dagen uitrijpen. Met een bolletje frambozen- of aardbeienijs wordt dit heerlijke lauwwarme dessert een onvergetelijke belevenis.
• Doordeweekse dorst
Een glas koele muskaatwijn is hier meer dan op zijn plaats! Of niet soms?

Crême brûlée is een nagerecht dat danig in de mode is gekomen. Er bestaat in Vlaanderen geen restaurant meer waar dit dessert geen vaste stek op de menukaart heeft gevonden. Dit oeroude toetje, van Catalaanse oorsprong, heeft natuurlijk onmiskenbare kwaliteiten. Maar mochten er kokospalmen groeien in Catalonië, dan zou het recept er als volgt uitzien.

Voor 4 personen

20 cl kokosmelk (te koop in elk grootwarenhuis dat zichzelf respecteert), 25 cl room, 6 eierdooiers, 50 g poedersuiker, 50 g fijn geraspt kokosmeel (ook te koop in het grootwarenhuis, in de afdeling banketbakkerij), 6 eetlepels cassonadesuiker.

Tropische Crème Brûlée

1. Bak eerst het fijn geraspte kokosmeel even op in een pannetje met antikleeflaag. Zonder dat er vetstof aan te pas komt. Gedurende één minuut. En we houden het apart.
2. In een kom daveren vervolgens de zes eierdooiers, samen met de poedersuiker. Uit de keukenkast komt de handmixer met de kloppers, tevoorschijn. Klop eierdooiers en poedersuiker op dat het een aard heeft. Eerst wordt het mengsel schuimig en dan verandert het plotseling van kleur. In het kommetje komt een dikke, witte crème tevoorschijn.
3. Bij de witgeklopte eierdooiers vloeien nu rijkelijk de room en de kokosmelk. En natuurlijk het machtige kokospoeder. Meng grondig, en verdeel vervolgens dit mengsel plichtsgetrouw over vier platte schoteltjes van aardewerk. De potjes vliegen de oven in die staat afgesteld op 160 graden. We laten zacht bakken gedurende een kwartier tot twintig minuten.
4. Dan galopperen de toekomstige crèmes de oven uit. De potjes mogen afkoelen op het aanrecht en verdwijnen vervolgens gedurende minstens twee uur in de koelkast. In die tijd zal de crème "pakken", zoals dat in professionele kringen zo kernachtig betiteld wordt.
5. Op het moment waarop iedereen luidruchtig begint uit te kijken naar het nagerecht, komen de potjes tevoorschijn. Bestrooi met cassonadesuiker.
6. Uit de rommelkamer komt een stevig uit de kluiten gewassen verfbrander tevoorschijn. Brand de bovenzijde van de crèmes af met een verzengende steekvlam. Tot de bovenkant heerlijk diepbruin ziet. De ongelukkige die niet over een verfbrander beschikt, kan dit klusje ook klaren door de potjes zo dicht mogelijk onder de hete grill te plaatsen.

Waarom smaken milkshakes vaak zo banaal? Nochtans, de op zich zeer nederige milkshake kan omgetoverd worden tot een ware belevenis en een nagelfris monument van lekkerheid. Opbeurend, verkwikkend en zelfs versterkend, want een kwieke milkshake heeft ook poten aan zijn lijf. Een ideaal vieruurtje voor groot en zeer zeker ook voor klein. En waarom niet: een ongezien dessert dat mag gezien en vooral geproefd worden.

Voor 4 grote glazen
400 g yoghurt, 4 rijpe bananen, 4 sneetjes peperkoek, 1 1/2 dl volle melk, 8 bollen goede vanille-ijsroom, eventueel een paar blaadjes verse munt

Shake met bananen

1. Verkruimel de sneetjes peperkoek met de vingers. Laat de kruimels vijf minuten weken in de melk.
2. Trek de twee bananen hun jas uit, snijd er de uiteinden (met zware punt erin) af en verwijder de eventuele draden. Versnijd ze vervolgens in grove schijven en leg ze in de bokaal van de keukenrobot, samen met de yoghurt. Wie niet over zo'n prachtige keukenmachine beschikt kan evengoed de staafmixer gebruiken. Mix nu yoghurt en bananen fijn. Dat duurt normaal een minuut of twee.
3. De peperkoek met melk glijdt er dan onvervaard bij. Laat de machine nogmaals gedurende twee minuten haar drastische werk doen.
4. Duik dan de diepvriezer in, en schep met een vervaarlijke ijsschep de acht bollen vanille-ijs uit de voorraad. De bollen schuiven de milkshake in, waarna nog een keer gedurende twee minuten gemixt wordt.
5. Verdeel de shake over vier grote glazen, en zet deze weg in de koelkast. Deze daverende shake kan immers zonder gewetensproblemen vooraf klaargemaakt worden. Versier indien mogelijk elk glas met een blaadje verse munt, dat er op een artistiek verantwoorde wijze in ronddobbert.

• Tip
Liefhebbers gebruiken mokka-ijs in plaats van vanille.
• Doordeweekse dorst
Geen.

Een vitaminebom.
Een zeer lekkere
bom bovendien.

Voor 4 personen

8 onbespoten sinaasappelen, 3 eetlepels griessuiker, 4 eetlepels cognac, 1 eetlepel amandelschilfers, 6 eetlepels 'Mandarine Napoléon' of een andere sinaasappellikeur.

Sinaasappelsla

1. Met een fijnschiller halen we de oranje schil van 2 sinaasappelen. De schil snijden we in fijne staafjes en die zwieren we gedurende 3 minuten in kokend water. Laat de schil daarna uitlekken.
2. Met een scherp mes schillen we de sinaasappelen. We verwijderen zowel de oranje als de bittere witte schil.
3. We snijden dan de sinaasappelen horizontaal in schijfjes. Die leggen we in onze mooiste serveerschotel.
4. Overgiet de sinaas met de cognac. Strooi de suiker uit over het fruit. Meng voorzichtig. Zet de schotel gedurende een uurtje weg in de koelkast.
5. Voor we aan het dessert toe zijn, overgieten we het fruit met de sinaasappellikeur. Meng voorzichtig. Strooi de gekookte schilletjes uit over de schotel en werk af met amandelschilfers.

• Tip

Een bolletje chocolade-ijs (twee mag ook) maakt van deze sinaasappelsalade een nog groter feest.

• Doordeweekse dorst

Laat de ijsgekoelde zoete muskaatwijn maar aanrukken.

Warm-koude desserts smaken heerlijk. Ze veroveren moeiteloos het hart van groot en klein. Ja, ook van klein in dit geval. De alcohol die in het gerecht gebruikt wordt, verdampt immers.

Voor 4 personen
4 eetsinaasappelen, 2 eetlepels griessuiker, 2 eetlepels Mandarine Napoleon, een klontje boter, 4 bolletjes vanille-ijs.

Gekarameliseerde sinaasappel

1. Schil de sinaasappelen. Snijd ze dan onmiddellijk in brede schijven.
2. Boter een grote ovenschotel in. Leg daarin de schijven sinaasappel broederlijk naast elkaar. Overgiet met het sap dat al uit de sinaasappelen gelopen is. Overgiet dan met de Mandarine Napoleon. Bestrooi met griessuiker.
3. Schuif de schotel onder de gloeiende grill in de oven. Laat drie minuten grillen, haal dan de schotel uit de oven en draai de schijven sinaasappel om. De schotel mag dan opnieuw onder de grill tot de sinaasappelen bruine plekjes krijgen en machtig gekarameliseerd zijn.
4. Leg de schijven sinaasappel in diepe borden. Overgiet met de saus die eruit gelopen is tijdens het grillen. Leg bovenop een bolletje vanille-ijs per persoon en rep je dan naar tafel toe.

• Tip
Gezworen smulpapen vlijen de sinaasappelen op pannenkoeken. Niet mis! De schilletjes van de onbespoten sinaasappelen kunnen ook gekonfijt worden in wat water en suiker. Ze smaken heerlijk bij dit dessert en decoreren bovendien erg mooi. Ook niet mis dus!
• Doordeweekse dorst
Laat voor één keer de Sauternes voor de pinnen komen op een doordeweekse dag.

Een hoevekip draagt in principe twee gezonde borsten met zich mee. Het zijn erg sympathieke, mals-stevige stukjes vlees waar groot en klein plezier aan beleven. Zoveel leute zelfs dat je zin hebt om het uit te zingen wanneer ze op tafel verschijnen. Salie doet wonderen voor de stem. Normaal dus dat kip en salie samen horen.

Voor 4 personen
4 borsten van hoevekip, 3 eetlepels goede olijfolie, 2 klontjes natuurboter, 2 onbespoten citroenen, 10 blaadjes verse salie, 1 ongepeld teentje knoflook, peper en zout.

Kippenwit met salie

1. Tover een fijnschiller tevoorschijn en schil daarmee één van de citroenen. Haal er enkel en alleen de gele schil af en laat de bittere witte schil op de citroen. Snijd de gele schil in artistiek verantwoorde stukjes. Leg ze in een kommetje en bedek met water uit de kraan. Breng aan de kook, laat één minuut pruttelen en giet af. Hou de schilletjes bij.
2. Pers de citroenen uit en hou het sap bij. Peper en zout de kippenwitten.
3. We zetten nu een vriendelijk potje met dikke bodem op het fornuis en leggen dat het vuur aan de schenen. Eerst laten we er de olijfolie in uitvloeien en dan gaat de boter erbij. Onstuimig vlijen we de vier borsten in de schuimende boter. We laten ze langs één kant op hoog vuur gedurende een drietal minuten een kleurtje krijgen. Dan draaien we de borsten om. We laten twee minuten verder korsten. Vervolgens zetten we het vuur onder de pot mierzacht. De ongepelde knoflookteen dwarrelt bij de kip. Het deksel komt op de pot en na tien minuten zacht bakken (tijdens het bakken hebben we het vlees een paar keer omgedraaid) fladderen de kippen de pot uit. Het vlees draaien we in aluminiumfolie (blinkende kant naar binnen) en we laten de kip even genieten van een welverdiende rust terwijl we de saus maken.
4. De vetstof waarin het vlees gebakken werd, keilen we genadeloos de vuilnisbak in. De smaakstoffen die aan de bodem plakken, daar gaat het hem om. Het citroensap vloeit nu verbaasd de pot in. Met een garde razen we over de bodem om alle smaakstoffen in de saus te laten oplossen. In opperste verbazing kleurt de saus na een minuutje van citroengeel naar smakelijk kokend bruin.
5. De pot gaat van het vuur. De fijngehakte salieblaadjes, de citroenschilletjes en een stevige klont natuurboter dwarrelen de saus in. Met de pan schuiven we heen en weer tot alle boter is opgelost. Nog een vleugje zout en eventueel wat peper toevoegen en de saus is klaar.
6. De smachtende kip wordt op de borden gelegd. De saus gaat erover. En we versieren met stukjes citroenschil en blaadjes salie.

• Tip
Kunnen we bij dit fris smakend kipje geen gekookte gnocchi op tafel zetten? Gnocchi, dat is pasta gemaakt met aardappel. Daarna overgieten met gesmolten boter en ruim bestrooien met fijngemalen parmezaan.
• Doordeweekse dorst
Rood, fris maar met structuur. Een goedgemaakte chianti dus.

De grill en de wok kunnen perfect hand in hand gaan. Zeker op een doordeweekse dag, want dan moet alles vlug in zijn werk gaan.

Voor 4 personen

4 kippenborsten, 120 g lopende honing, 2 eetlepels mosterd, 1 eetlepel witte azijn, 2 eetlepels sojasaus, 1 ui, 250 g sluimererwten (mange-tout), 1 eetlepel arachideolie, peper en zout.

Kip met sluimererwten

1. Snijd het kippenvlees in blokjes. Meng de mosterd, de honing, de azijn, de sojasaus, peper en zout en een eetlepel arachideolie tot een mooie gladde massa. Draai er de kip in, dek af met vershoudfolie en zet een paar uur weg in de koelkast. Klaar dit klusje dus vlug 's ochtends of de avond ervoor.
2. Maak de ui schoon en snijd in grove stukken.
3. Vis de kip uit de marinade. Dep een beetje droog (maar wrijf er niet alle marinade af) en steek de stukjes kip op 4 stokjes. Het resultaat. 4 schitterende kipbrochettes.
4. Laat de grillplaat zachtjes opwarmen en grill daarop de brochettes. Dat gebeurt op een laag vuurtje. Totale grilltijd. een kwartier.
5. Zet ondertussen de wok op een hoog vuur. Laat er een eetlepel arachideolie in warm worden. Roerbak eerst de ui gedurende een minuut. Zwier dan de sluimererwten de wok in. Roerbak gedurende een minuut of twee. Giet dan twee eetlepels water bij de groenten. Blijf roerbakken tot alle water verdampt is. Zout de groenten.
6. Verwarm de overgebleven marinade.
7. Schep de beetgare erwten op een verwarmde serveerschotel.
8. Neem de brochettes van de grill. Bestrijk het gloeiende vlees met wat warme marinade. Leng de marinade aan met een scheutje water, laat aan de kook komen en serveer als sausje. Bij de kip komt gekookte rijst op tafel.

• Tip

Een konijnenrug kan de kip perfect vervangen.

• Doordeweekse dorst

Misschien is nu de tijd gekomen om het eerste flesje (goede) rosé van het jaar te openen.

In de week bewijst de wok zijn beste diensten. Een gewone pan gebruiken, liefst met antikleeflaag, kan ook natuurlijk.

Voor 4 personen

600 g kippenwit, 1 bosje lente-ui, 2 teentjes knoflook, 1 cm verse gember, 4 eetlepels sojasaus, 1 eetlepel lopende honing, 1/2 theelepel witte wijnazijn, 20 druppels sesamolie, 1 eetlepel sesamzaad, olijfolie, peper en zout.

Chinese kip met sesam

1. Snijd het kippenvlees in sympathieke blokjes of schijfjes. Maak de lente-ui schoon. Snijd het wit van het groen, hak in stukjes en houd de twee apart bij. Schil en rasp de verse gember en hak de knoflook in stukjes.
2. Laat de wok of de pan op het vuur goed warm worden. Giet er een scheutje olijfolie in. Als de olie begint te dampen, fladdert de kip de pan in. We roeren voortdurend (deze bewerking heet niet voor niets roerbakken) en laten de kip op hoog vuur gedurende 5 minuten een zacht bruin kleurtje krijgen.
3. Zet het vuur nu wat lager en voeg gember, knoflook en het wit van de lente-ui toe. Laat nog vijf minuten zacht bakken.
4. Overgiet de kip met sojasaus, honing en azijn. Laat even goed opwarmen, meng grondig en laat gedurende een minuut zacht koken. Voeg het sesamzaad toe.
5. Schep de kip op een warme serveerschotel. Versier met het groen van de lente-ui.

• Tip

Zet naast dit kippetje nog een schotel met kort gewokte Chinese kool op tafel. En rijst natuurlijk.

• Doordeweekse dorst

Een stevige rode. Fruitig maar toch gestructureerd. Bordeaux, Rhône, Languedoc of Spanje dus.

Het lijkt een rare combinatie. Rood vlees samen met de sterke vis-smaak van ansjo-vis. Maar daar gaat het nu net om. Ansjovis heeft zo'n sterke smaak dat haast enkel rood vlees er tegenop kan. Uit dit tegenna-tuurlijk huwelijk komen zelfs prachtige kinde-ren tevoorschijn. Zoals deze bief-stuk bijvoorbeeld.

Voor 4 personen

4 biefstukken (ossenhaas, kleinhoofd, tussenrib of allerbest. contrefilet), 1 blikje ansjovisfilets in olijfolie, 1/2 citroen, 40 tot 60 g natuurboter, 16 ontpitte groene olijven, 4 takjes verse dragon, olijfolie, peper en zeezout.

Steak met ansjovis

1. Maak eerst de ansjovisboter. Plet daarvoor de boter die op kamertemperatuur gekomen is samen met 6 ansjovisfilets. Dat gaat makkelijk met een vork. Zout vooral niet (omwille van de zeer zoute vis). Pers wat citroensap bij de boter. Meng opnieuw en maak dan een artistiek verantwoord blokje van de boter. Wikkel dit in aluminiumfolie en laat een kwartiertje opstijven in de freezer (of leg weg in de koelkast).
2. Snijd de groene olijven in de lengte in twee. Zwier die olijven gedurende twee minuten in hard kokend water (om te ontzilten). Giet af en laat uitlekken.
3. Peper de biefstukken ruim in. Maar zout het vlees niet. Bestrijk het rund lichtjes langs alle kanten met wat olijfolie. Laat dan de steaks naar de gloeiende, verzengend hete grill fladderen. Grill het vlees gedurende twee minuten langs elke kant. Draai de biefstukken dan even in aluminiumfolie (blinkende kant naar binnen). Het vlees mag nu vijf minuten rusten.
4. Leg het vlees op de warme borden. Op elke steak komt een blokje ansjovisboter. Strooi er de olijven rond en maak de steaks nog mooier met een paar hele ansjovisfilets en wat gehakte dragon. Versier eventueel met een heel takje.

• Tip

Bij dit rode vlees brengen we misschien aardappelpuree opgewerkt met wat boter en veel olijfolie op tafel. Als groente. gegrilde courgetterepen en een halve gegrilde tomaat per persoon.

• Doordeweekse dorst

Een jonge rode zal er moeten aan geloven. Fruitig, maar toch met structuur. Geserveerd op keldertemperatuur. Kortom. een goede Zuid-Afrikaanse pinotage.

Voor het ogenblik lijken vleeseters een uitstervend ras. Maar wie er een beschermde diersoort wil van maken kan op woensdag, midweek, niet voorbij aan een stevige portie krachtvoer…

Voor 4 personen
4 stevige entrecotes (contrefilet) van elk 350 g, 100 g boter, 1 eetlepel olijfolie, 4 sjalotten, 2 takjes verse tijm, 1 kleine eetlepel fijngehakte (platte) peterselie, 1/2 citroen, grof gemalen zwarte peper, grof zeezout.

Entrecote à la carnivoor

1. Poot een stevige, liefst gietijzeren braadpan neer op een hoog vuur. Leg de pan het vuur goed aan de schenen. Laat er dan een lepeltje olie in uitvloeien, onmiddellijk gevolgd door een klontje boter. De boter kleurt prompt tot hazelnootkleur.
2. Zwier de ruim ingepeperde maar niet gezouten entrecotes de boter in. Draai het vlees om na 1 minuut bakken op hoog vuur. Nog een minuutje stevig vuur.
3. Zet de vlam lager en laat het vlees garen naar uw smaak. bloederig saignant of à point (wie biefstuk goed doorbakken wil eten, heeft niet veel te zoeken in dit recept). Saignant duurt normaal een minuut of 4. Goed gebakken 6.
4. Haal het vlees uit de pan en wikkel elke entrecote in aluminiumfolie (met de blinkende zijde naar binnen). Het door de hitte moegetergde vlees kan nu een zevental minuten op adem komen.
5. Keil de gebruikte bakboter genadeloos de vuilnisbak in. In de pan laten we een nieuwe klont boter zachtjes uitsmelten.
6. Ondertussen hebben we de sjalot in stukjes gesneden, de peterselie fijngehakt en de blaadjes van de takjes verse tijm getrokken.
7. Sjalot en tijm gaan de gebruikte pan in. Gedurende 2 tot 3 minuten mogen ze het zachtjes uitzweten in de boter. Met een houten spatel roeren we in de sjalot zodat ze gelijkmatig een lichtbruin kleurtje krijgt.
8. Het vlees komt nu op onverklaarbare manier op de voorverwarmde borden terecht. We bestrooien elke entrecote met wat grof zeezout. De sjalotboter verdelen we over het vlees. Om af te werken bestrooien we met fijngehakte peterselie. Als finishing touch krijgt elk stuk vlees een paar druppels citroensap toebedeeld.

<u>• Tip</u>
Een gegrilde tomaat en een handgreep gekookte fijne tuinbonen brengen hier hun gezondheidssteentje bij. En een paar in olijfolie gebakken aardappelen (overschot van gisteren) vervolledigen het kunstwerk.
<u>• Doordeweekse dorst</u>
Doorbreek de dagelijkse sleur en zet op woensdag eens een echt goede fles op tafel bij deze wijnlievende entrecote. Elke stevige, goedgemaakte rode wijn klaart de klus tot in de perfectie.

De modale varkenskotelet heeft ook haar rechten. Het is niet omdat dit uitmuntende stukje vlees zo goedkoop is, dat we het daarom links moeten laten liggen.

Voor 4 personen

4 varkenskoteletten, 2 eetlepels olijfolie, een klontje natuurboter, 50 g geraspte emmenthalkaas, 4 koffielepels mosterd, 4 eetlepels room.

• Voor de stoemp

1 kg bloemige aardappelen, 1 teentje knoflook, 1 stronk broccoli, 1 klontje boter, een scheut volle melk, een snuif muskaatnoot, zeezout.

Gegratineerde kotelet met broccolistoemp

1. Schil de aardappelen en kook ze 20 minuten gaar in gezouten water waaraan een gepelde teen knoflook is toegevoegd.
2. Haal ondertussen de roosjes van de broccoli en zwier ze in hard kokend gezouten water. Laat een tiental minuten koken zonder deksel tot de broccoli zacht is geworden Giet af.
3. Giet de aardappelen af (laat de knoflook erbij zitten), voeg de broccoli toe. Leg er een stevige klont boter bij en giet er een scheut melk bij. Stamp met een stamper tot er een grove puree is ontstaan. Meng de muskaatnoot onder de puree en proef even het zoutgehalte. Corrigeer eventueel. Houd de stoemp even warm.
4. Zet een braadpan op het vuur en laat warm worden. Voeg olijfolie en dan de boter toe. Peper de koteletten en bak ze in de pan op middelhoog vuur. Baktijd. voor koteletten van normale dikte gemiddeld 12 minuten.
5. Maak met de gemalen kaas, de mosterd en de room een papje. Plet de kaas gewoon met een vork en het gaat bijna vanzelf.
6. Leg de hete koteletten in een gratineerschotel. Bedek elke kotelet met een laag van het kaasmengsel. Schuif dan het vlees dicht onder de warme grill. Na een minuut of twee krijgt het vlees een prachtige roodbruine kleur.
7. Verdeel de stoemp over de borden en vlij op elke berg een gegratineerde kotelet.

• Tip

Gooi het bakvet van de kotelettenpan weg en vervang door een vers klontje boter. Laat dat uitsmelten in de pan terwijl je met de achterkant van een vork over de bodem schraapt. Peper en zout de gesmolten natuurboter en gebruik deze als saus.

• Doordeweekse dorst

Een jonge rode wijn van het kruidig-fruitige, maar toch gestructureerde type. Laat de Zuid-Afrikaanse merlot bij deze koteletten maar aanrukken.

Goede sinaasappelsaus is zeldzamer dan een zwarte parel. Nochtans blijkt de saus makkelijk om maken. Wat nogmaals bewijst dat eenvoud troef is in de keuken.

Voor 4 personen

4 varkenskoteletten, 2 onbespoten sinaasappelen, 1 onbespoten citroen, 2 eetlepels griessuiker, 2 eetlepels goede rode wijnazijn, een scheutje olijfolie, een klontje boter, 2 eetlepels Cointreau (of een andere sinaasappellikeur), 1 halve koffielepel maïszetmeel, 1 koffielepel gelei van rode besjes, peper en zeezout.

Varkenskotelet à l'orange

1. Met een fijnschiller verwijderen we eerst de schil van een sinaasappel en van de citroen. Snijd de schilletjes in reepjes of kleine stukjes. Zwier ze in een pannetje, overgiet met koud water en breng aan de kook op het fornuis. Laat de schillen drie minuten koken, giet dan af en laat uitlekken. Houd de schilletjes bij.
2. Snijd met een scherp mes de schil van de sinaasappelen en van de citroen. Snijd de partjes uit de vruchten. Dat kan door met het mes tussen de vliezen van het fruit te snijden. Houd de stukjes sinaasappel en citroen bij.
3. Pers wat overblijft van de sinaasappelen en de citroen uit boven een kommetje. Voeg aan het sap de rode wijnazijn toe.
4. Laat de suiker in een pannetje glijden. Voeg vooral geen vocht toe. Zet het pannetje dus droog op een zacht vuur. Laat de suiker warmen terwijl je voortdurend roert met een houten spatel. De suiker zal eerst wat aan elkaar gaan klitten. Dat hoort zo. Daarna krijgt hij een licht kleurtje. Dat hoort ook zo. Plots wordt de suiker vloeibaar en hij kleurt lichtbruin. Dat hoort zeker zo. We hebben dus moeiteloos een caramel gemaakt. Deze caramel blussen we onmiddellijk met het sap en de azijn. Roer. Het is mogelijk dat een deel van de suiker klontertjes is gaan vormen. Geen probleem. Laat het sausje een paar minuten zachtjes sudderen zonder deksel. De suiker lost dan opnieuw op.
5. Bak de ingepeperde koteletten op middelhoog vuur gedurende een paar minuten per kant in een pan. In een mengsel van olijfolie en boter. Haal het gare vlees uit de braadpan en houd het warm in een lauwe oven. Giet het braadvet weg, maar was of kuis de pan niet uit.
6. Zet de lege pan op het vuur en giet er 15 cl water in. Laat op hevig vuur aan de kook komen. Schraap met de spatel over de bodem om alle smaakstoffen los te maken. Giet het kokende water bij de caramel. Laat de saus aan de kook komen.
7. Meng het maïszetmeel met de cointreau tot een papje. Giet dat papje al roerend met een garde in de kokende saus. Laat nog even doorkoken. Laat van het vuur af de rode bessengelei oplossen in de saus. Zout een beetje.
8. Leg de koteletten op de borden of de serveerschotel. Voeg net voor het opdienen de stukjes sinaasappel en citroen toe aan de saus. Overgiet er het vlees mee. Versier met de schilletjes.

• Tip

Met "Mandarine Napoléon" smaakt de saus ook heerlijk. Voeg dan wel wat partjes mandarijn toe in de saus. Tussen haakjes. met wat aardappelkroketten zijn deze koteletten een heuse feestmaaltijd.

• Doordeweekse dorst

Voor een klassiek verhemelte. een stevige, jonge rode Bordeaux, liefst uit Haut-Médoc. Voor een vermetel verhemelte, drink bij de koteletjes een gerijpte likoreuze wijn uit de Loire, een Vouvray of een Côteaux du Layon.

Heel wat mensen willen het boterverbruik binnen de perken houden en daarom weigeren ze thuis botersauzen in de stijl van bearnaise te maken. Geen nood, wij maken dezelfde bearnaise met kerngezonde olijfolie.

Voor 4 personen

4 paardensteaks (rund mag ook natuurlijk), 1 eetlepel rozemarijnblaadjes, 4 eetlepels olijfolie, peper en grof zeezout.

• Voor de saus

1 sjalot, 1 eetlepel dragonazijn, 3 eierdooiers, 15 cl zeer goede olijfolie, een 5 takjes verse dragon, 1 eetlepel gehakte kervel, peper en zeezout.

Gegrilde paardensteak met olijfbearnaise

1. Giet de dragonazijn en twee eetlepels water in een pannetje met dikke bodem. Voeg een takje dragon toe en peper uitvoerig. Laat op het vuur inkoken tot er minder dan de helft van overblijft. Zet het pannetje dan even weg om te laten afkoelen. Vis er de dragon uit.
2. Wentel de biefstukken in olijfolie waaraan rozemarijn en peper werden toegevoegd. Laat eventueel even rusten.
3. Laat de grillplaat op het vuur gloeiend heet worden. Grill dan de paardensteak langs de twee kanten. Draai het vlees na het bakken in aluminiumfolie en laat een 5-tal minuten rusten.
4. Ondertussen werken we de saus verder af. Laat de eierdooiers in de ingekookte azijn glijden. Voeg eventueel nog een eetlepel water toe. Eén ding moeten we onthouden. deze saus mag niet aan de kook komen. We moeten dus op een zeer zacht vuurtje te werk gaan of het pannetje in een bain-marie zetten. Zet het pannetje dus op of in de warmtebron. Klop zonder ophouden met een sauszweep. Het mengsel zal zacht opwarmen. Eerst worden de eierdooiers lopend, daarna ontstaat schuim. We blijven kloppen en zorgen dat we overal op de bodem van het pannetje met onze garde voorbijkomen. Het dooiermengsel zal nu plots wat romiger, dikker worden. Bij het kloppen wordt de bodem van de pan zichtbaar. Dan moeten we even vlug zijn. We halen het pannetje van het vuur en zetten het op een koude (steen) plek. De hele bewerking heeft nauwelijks vijf minuten geduurd.
5. Giet in een fijn straaltje (zoals bij mayonaise) de olijfolie bij de eierdooiers. Klop zonder ophouden en werk de bearnaise op met alle olie. Voeg dan de fijngehakte kervel en de even fijngehakte blaadjes van de dragon toe. Voeg zout toe.
6. Warm de saus nog even op maar laat dus absoluut niet aan de kook komen.
7. Leg de biefstukken op de warme borden en bestrooi ze met wat grof zeezout. Serveer met de bearnaise.

• Tip

Zet er fijne groene tuinboontjes en gebakken aardappelen naast.

• Doordeweekse dorst

Voor de traditionals. een goede Saint-Emilion.
Voor de fijnzinnigen. een goede Chianti Classico.
Voor de avonturiers. een goede Chileense merlot.

De klassieker der klassiekers. In vroeger dagen strikt voorbehouden voor de feestkeuken. Maar vandaag een heerlijkheid op een doordeweekse dag. Maak de blanket de dag vooraf.

Voor 4 personen
1 kg kalfsblanket (zonder been), een klontje boter, 3 wortelen, 2 eetlepels bloem, 2 uien, 3 kruidnagels, een kruidenboeket. een takje tijm, een laurierblad en een paar peterseliestelen, 250 g witte paddestoelen, een scheut room, 1 citroen, peper en zout.

Kalfsblanket

1. Snijd met een scherp mesje alle vliezen en stukjes vet van het kalfsvlees. Het vlees zelf snijden we in blokjes van drie bij drie centimeter.
2. Laat een klontje boter uitsmelten in een pot met dikke bodem. Als de boter schuimt gaat het vlees de pot in. Roer met een houten spatel en schroei het vlees dicht zonder dat het bruin kleurt. Zet dan het vuur wat lager onder de pot.
3. Bestrooi het vlees met de bloem. Blijf roeren en laat alles zachtjes bakken gedurende een minuut of twee.
4. Overgiet het kalf met water uit de kraan tot het volledig onderstaat. Roer grondig om de bloem in het vocht te laten oplossen.
5. Schil de wortelen en snijd ze in schijfjes. Voeg de wortelen toe aan het vlees. Schil de uien. Steek de kruidnagels in de hele uien. Laat de uien in de saus dobberen. Bind het kruidenboeket samen met een touwtje en voeg toe aan de blanket.
6. Breng zacht aan de kook, zet dan het deksel op de pan en laat sudderen gedurende 1 uur tot anderhalf uur. Laat de pot afkoelen en zet weg in de koelkast tot morgen.
7. Vis de uien en het kruidenboeket uit de blanket. Breng de stoverij aan de kook.
8. Maak ondertussen de paddestoelen schoon en snijd ze in schijfjes. Voeg de rauwe paddestoelen toe aan de kokende blanket. Laat opnieuw aan de kook komen.
9. Haal de pot van het vuur. Voeg een scheutje room toe om de saus mooi wit te kleuren. Peper en zout. Werk af met het sap van een halve citroen. En eventueel wat fijngehakte platte peterselie. Serveer met natuuraardappelen of nog beter. verse pasta.

• Tip
Kindvriendelijke blanketliefhebbers voegen samen met de paddestoelen een industriële portie kleine gehaktballetjes toe, die vooraf werden gaar gepocheerd in water. Gastronomische blanketters vervangen de witte paddestoelen door een mengeling van willde champignons die even werden opgebakken in boter.
• Doordeweekse dorst
Voor de liefhebbers van wit. een chardonnay van topkwaliteit. Voor de liefhebbers van rood. een mooie stevige Italiaan, die wat zuurte in huis heeft.

Inderdaad, de klassieke bœuf bourguignon. Een stoofgerecht, misschien wat vergeten, dat zijn sporen meer dan verdiend heeft. Maak de bœuf de dag voordien.

Voor 4 personen

1 kg stoofvlees van rund, 1 ui, 1 koffielepel geconcentreerde tomatenpuree, 2 eetlepels bloem, 5 cl cognac, 1 fles goede krachtige rode wijn, 1 potje kalfsfond, 2 teentjes knoflook, een kruidenboeket. een takje tijm, een blad laurier, een paar peterseliestelen, 1 klontje suiker, 20 verse zilveruitjes, 50 g gerookte spekblokjes, twee klontjes boter, een scheutje olijfolie, peper en zout.

Bourgondisch rund

1. Ontdoe het stoofvlees van de overtollige vliezen en vet. Snijd het vlees in blokjes van drie bij drie.
2. Laat de oven opwarmen op 150°C.
3. Zet een pot met dikke bodem, die ook in de oven mag, op een zacht vuur en laat daarin de fijngesnipperde ui zacht aanstoven in wat boter. Voeg dan de gerookte spekblokjes toe en laat even samen bakken.
4. Laat een grote braadpan gloeiend heet worden op het vuur. Voeg de olijfolie en de boter toe en daarna het vlees. Het rund moet op zeer hoog vuur langs alle kanten een diepbruin korstje krijgen. Het gekleurde vlees scheppen we dan over bij ui en spek in de pot.
5. Laat een koffielepel geconcentreerde tomatenpuree bij het vlees glijden. Meng en laat even bakken. Bestrooi vervolgens het vlees met de bloem. Meng grondig en laat al roerend een minuut of drie doorbakken.
6. Giet de wijn en de kalfsfond in de pan. Roer en schraap op de bodem om de bloem te doen oplossen. Voeg de geschilde zilveruitjes toe. Suiker, cognac, kruidenboeket en geperste knoflook mogen het gezelschap vervoegen. Breng zachtjes aan de kook.
7. Zet het deksel op de pot. Schuif de oven in en laat daar gedurende 3 uur zacht stoven.
8. Zet eventueel de pot na het stoven weg in de frigo. Warm daarna gewoon op. Serveer met een natuuraardappel en wat gestoofde worteltjes.

• Tip

Dankzij het stoven in de oven brandt de stoverij absoluut niet aan. En vermits de hitte van alle kanten komt en het vlees zeer gelijkmatig gaart, vindt deze boeuf bourguignon zijns gelijke niet.

• Doordeweekse dorst

Drink bij het rund dezelfde wijn als die in de pot gegaan is, maar een straatje hoger. Gebruik voor het stoven een goede Côtes-du Rhône bijvoorbeeld. En drink er een Châteauneuf, een Vacqueyras of een Gigondas bij.

In de doorde-
weekse keuken
gaan we gehakt
natuurlijk niet uit
de weg. Want
gehakt doet het
prima bij groen-
ten en kruiden.

Voor 4 personen
800 g gehakt van varken en kalf, 2 eieren, 8 eetlepels paneermeel van beschuit, 1 ui, 2 teentjes knoflook, 1 eetlepel goed currypoeder, 1 kleine eetlepel bloem, 25 cl kippenbouillon (mag ook van een blokje), 3 tomaten, 2 eetlepels room, 1 stronk broccoli, 1 eetlepel fijngehakte verse koriander.

Balletjes met currysaus

1. Voeg de eieren en het paneermeel toe aan het gehakt. Peper en zout. Plet met de vinger of met een stevige vork het gehakt tot ei en paneermeel volledig zijn vermengd met het vlees. Laat het gehakt een paar minuten rusten.
2. Laat wat olijfolie warm worden in een pot. Voeg de fijngesneden ui en knoflook toe. Laat op zacht vuur en regelmatig roerend zacht aanfruiten zonder dat de groenten kleuren.
3. Strooi de curry en de bloem uit over de groenten. Laat nog 2 minuten bakken.
4. Giet de bouillon de pot in. Laat al roerend aan de kook komen. Voeg dan de geschilde, ontpitte en klein gesneden tomaten toe. Zet het deksel op de pot en laat de saus een kwartier sudderen op zacht vuur.
5. Rol van het gehakt sympathieke balletjes. Bak de balletjes in een braadpan op een zacht vuurtje gedurende ongeveer 10 minuten tot ze langs alle kanten een korstje gekregen hebben.
6. Haal de saus even van het vuur en zet er de staafmixer in. Mix tot een machtige gladde saus is ontstaan. Leg de balletjes in de saus. En zet het deksel op de pan. Laat de balletjes een tiental minuten zacht sudderen.
7. Maak de broccoli schoon, snijd er de roosjes af en stoom ze gedurende een 12-tal minuten beetgaar. Gedurende 5 minuten laten koken in water (zonder deksel mag) natuurlijk ook. Spoel dan de beetgare broccoli met koud water.
8. Giet de room bij de balletjes en meng. Voeg de broccoli bij de balletjes en laat gedurende een minuut opwarmen. Bestrooi het gerecht met fijngehakte verse koriander en serveer met rijst.

• Tip
De broccoli kan in dit gerecht nog het gezelschap krijgen van ongeveer alle denkbare groenten. wortelen, courgettes, erwtjes, spinazie en noem maar op. Wel eerst de groenten apart beetgaar koken.
• Doordeweekse dorst
Geef mij er maar een glas riesling bij. Van goede afkomst.

Een 'tranche de gigot' levert een ultiem smeuïg stuk lamsvlees op het bord. Erg smaakvol, en klaar in een wip.

Voor 4 personen

4 sneden van de lamsbout, 2 eetlepels olijfolie, 60 g boter, 1 teentje knoflook, 4 anjovisfilets (uit een blikje waar ze in olie werden bewaard), 1/2 citroen, 1 eetlepel fijngehakte verse peterselie, peper en zout.

Lamsbout met ansjovissaus

1. De boter mag, samen met de hele, gepelde knoflookteen, uitsmelten op een zacht vuurtje.
2. De ansjovisfilets schuiven dan de gesmolten boter in. Plet de vis fijn met een vork zodat de ansjovis haast volledig oplost in de boter. Zet even apart op een warm plekje om te laten "trekken".
3. Zet een grote braadpan op het vuur en laat heet worden. De olijfolie vloeit er dan in en in de dampende olie bakken we onze ingepeperde (maar niet gezouten) sneetjes lamsvlees. Het bakken gaat vlug in z'n werk, want we willen het sappige vlees mooi roze houden binnenin. Twee à maximum drie minuten per kant volstaan dus.
4. Leg dan het vlees op de warme serveerborden.
5. Pers de halve citroen uit boven de warme ansjovisboter. Voeg ook de gehakte peterselie toe. Vis de knoflook eruit. Peper en meng de saus grondig met een vork.
6. Verdeel de saus over de vier stukken diepbruin vlees.

• Tip

Gebakken aardappelen, gegrilde tomaten, en een paar fijne groene tuinbonen vormen met het lamsvlees een polygaam, maar perfect huwelijk.

• Doordeweekse dorst

Leve Zuid-Frankrijk ! Bij dit doorsmakend lam serveren we een stevige Corbières op keldertemperatuur.

Lamsvlees houdt van knoflook. Dat weet iedereen. Maar lam is in feite weg van kruiderij in het algemeen. Maar dit machtige, verfijnde vlees laat zich echter ook graag in de luren leggen door dezelfde kruiden. In zo'n geval proef je niets anders meer dan look en kruiderij. We gaan de zaak dus slinks en subtiel aanpakken. Door het lam een maatpak aan te meten.

Voor 4 personen
4 stukken lamsfilet van elk 150 g, 400 g kant-en-klaar bladerdeeg (met natuurboter gemaakt natuurlijk), een stevige klont boter, een scheut olijfolie, 50 g zwarte olijven, 2 ansjovisfilets, 1 eetlepel mosterd, 1 teentje knoflook, 2 takjes basilicum, 2 eetlepels fijngehakte peterselie, 1 takje rozemarijn, 4 takjes tijm, 1 ei, peper en zout.

Lam in deegkorst

1. Lamsfilet kan je tegenwoordig kopen bij elke slager die zichzelf respecteert. Het zijn prachtige stukjes erg mals, zacht en smaakvol vlees, die je de behandeling van een doordeweeks biefstukje kan geven. Maar wij bewandelen dus andere gastronomische wegen.
2. Op het fornuis staat een pan warm te worden. Daarin gaat een scheutje olijfolie. Bak, als de olie begint te dampen, hierin de ingepeperde stukjes vlees op langs alle kanten. Tot ze diepbruin zien. Dat gaat trouwens vliegensvlug in z'n werk. Want de bedoeling is het vlees alleen te laten korsten en niet te garen. Het gekorste lam fladdert dan de pan uit en we laten het vlees afkoelen.
3. De knoflook, peterselie, fijngesneden basilicum, tijm, rozemarijn, ontpitte olijven, ansjovis (die in een blikje met olijfolie aan zijn einde is gekomen), mosterd, vers gemalen witte peper en 40 g boter worden vlug met een mixer tot een gladde pommade gemalen. Op het met bloem bestrooide aanrecht ligt het uitgerolde bladerdeeg. Snijd hier nu vier rechthoeken uit.
4. Doop een borsteltje in water en maak de randen van de deeglapjes daarmee vochtig. Bestrijk de stukken vlees met een laag kruidenboter. Elk stukje kruidig vlees komt dan op een lapje bladerdeeg terecht. Plooi het pakje voorzichtig toe en druk de randen teder aan. Voorzichtig maar vastberaden, want de vier pakjes moeten volledig luchtdicht gesloten zijn. De vochtige randen steken hiervoor trouwens het noodzakelijke handje toe.
5. De vier stralende pakjes kunnen nu nog wat versierd worden, door een paar lichte inkepingen aan te brengen bovenaan. Of door met een paar verloren stukjes deeg een kruisvorm aan te brengen.
6. Klop nu het volledige eitje los. En bestrijk met een borsteltje elk pakje met ei. Op die manier krijgt het bladerdeeg straks een zeer verleidelijke kleur. De lamskoffers schuiven nu de oven in die staat afgesteld op 210 graden. Laat 20 minuten bakken in het midden van de oven. Op halve hoogte dus.
7. Dan komen de verblindende lamspakjes de oven uit. Ze moeten nu nog tien minuten rusten, na al die opwinding. Saus hoeft niet echt bij dit prachtige gerecht. Maar wie wil, kan de braadpan van het vlees even deglaceren met wat water.

• Tip
Het rusten van het vlees is een must. Dankzij de siësta wordt het lam opnieuw mals en rosé vanbinnnen.

Konijn wordt niet alleen in zijn geheel te koop aangeboden, maar ook in 'pièces détachées'. Daar moeten we van profiteren.

Voor 4 personen

4 konijnenruggen, 300 g gedroogde pruimen zonder pit, 2 eetlepels bloem, 4 sjalotten, 2 klontjes boter, 5 cl cognac, 15 cl droge witte wijn, 15 cl kippenbouillon, een takje tijm, peper en zout, 1 eetlepel fijngehakte platte peterselie.

Konijnenrug met pruimen

1. Hak de sjalot in stukjes en laat ze gedurende 5 minuten zachtjes aanfruiten in wat boter in een pot met dikke bodem.
2. Peper en zout de konijnenruggen. Draai elk stuk vlees in de bloem en geef telkens een tikje op het vlees om de overtollige bloem van de ruggen te laten springen.
3. Zet een braadpan op het vuur en laat warmen. Bak de konijnenruggen in wat boter tot ze langs alle kanten een zachtbruin kleurtje gekregen hebben.
4. Leg de ruggen naast elkaar op de gestoofde sjalot in de pot met dikke bodem.
5. Overgiet het vlees met de cognac. Flambeer niet maar laat de vloeistof bijna volledig uit de pot verdampen.
6. Giet de witte wijn bij het konijn. Laat opnieuw inkoken zonder deksel tot er nog maar de helft van overblijft. Giet dan de kippenbouillon de pot in. Voeg het takje tijm toe. Breng aan de kook, roer in de saus. Het konijn mag nu gedurende 20 minuten garen op een zacht vuurtje, met het deksel op de pot.
7. De pruimen hebben we in de koelkast een nachtje laten weken. Giet de pruimen af en laat uitlekken. Voeg ze dan toe aan het konijn. Laat nog 5 minuten verder stoven onder deksel. Werk de schotel af met wat fijngehakte platte peterselie. Serveer met verse gekookte pasta.

• Tip

De pruimen kunnen eventueel vervangen worden door rozijntjes. Ook die moeten een nachtje weken.

• Doordeweekse dorst

Een jonge krachtige merlot. En dat mag zelfs een goed glas Saint-Emilion zijn. Ook doordeweeks.

Een gezond konijn hoeft geen uren op het fornuis door te brengen. Snel klaar kan ook mooi zijn. Zeker als er goed wat groenten aan te pas komen.

Voor 4 personen

4 konijnenruggen, 150 g gezouten spekblokjes, 1 teentje knoflook, 4 kleine courgettes, 4 uien, 1/2 rode paprika, 3 eetlepels olijfolie, 1 eetlepel bloem, een bosje verse munt (of dragon of koriander, of alledrie), peper en zout.

Konijn met groenten

1. Snijd het vlees van de konijnenruggen. Versnijd vervolgens in blokjes van 3 cm. Peper en zout het vlees en draai even in wat bloem.
2. Snijd de courgettes in de lengte in vieren. Haal met een scherp mesje het sponsachtige hart uit de groenten. Versnijd de schil, waaraan het vaste vlees vastzit, in blokjes van 3 cm. Maak de uien schoon en versnijd in ringetjes. Haal de pitten uit de paprika en snijd in reepjes.
3. Laat op stevig vuur de olie warm worden in een pot. Bak hierin het konijn en de spekblokjes al roerend aan gedurende vijf minuten. Het konijn heeft dan een kleurtje verkregen en het spek laat zich langs zijn krokantste kant zien.
4. Vis het vlees uit de pot of pan. Voeg eventueel nog wat olijfolie toe. Laat paprika en ui verdwijnen in de pot. Vijf minuten mogen de groenten het uitzingen op een zacht vuur. De courgette vervoegt dan de andere groenten. Nogmaals wordt er vijf minuten aangefruit.
5. Konijn en spek dansen opnieuw de pot in. We verstrooien een fijngesnipperd teentje knoflook over groenten en vlees. Het deksel gaat er nu op en we laten op een zacht vuurtje tien minuten sudderen.
6. Werk af met nog wat peper en een massa fijngehakte tuinkruiden.

• Tip

Je kan dit konijn ook een moderne fusiontoets geven door op het einde wat sojasaus toe te voegen. We werken dan wel af met verse koriander.

• Doordeweekse dorst

Laat de syrah van de nieuwe wereld hier even zijn goede manieren tonen. Kies misschien voor een beschaafde Australiër.

Zuiderse zomergroenten worden vaak volgestouwd met allerhande gehakttoestanden. Daar is hier geen sprake van. Want het wordt een vegetarisch feest.

Voor 4 personen
4 kleine aubergines, 2 kleine courgettes, 4 grote tomaten, 1 ui, 2 teentjes knoflook, olijfolie, 1 theelepel marjoleinblaadjes, 1 koffielepel suiker, peper en zout.

Bolle aubergines

1. De aubergines in hun geheel in de lengte doorsnijden en met de hulp van een lepel uithollen. Er blijft een auberginewand met schil over van een halve centimeter dik. De binnenkant van de auberginekuipjes zouten en met de bolle kant naar boven op keukenpapier laten rusten.
2. Snijd het vruchtvlees van de aubergines in blokjes. De ongeschilde courgettes eveneens in blokjes snijden.
3. Zet een braadpan met wat olijfolie op het vuur. We bakken er eerst krachtdadig de courgettes in op. De courgette mag trouwens een sympathiek zuiders kleurtje krijgen. Schep de groenten uit de pan. Na de courgette bakken we de auberginestukken op, in dezelfde pan maar in nieuwe olijfolie. En ook op hoog vuur. Gedurende een paar minuten. De aubergine krijgt prompt een kleurtje. We houden ook deze groente apart. In dezelfde pan, in nieuwe olijfolie, bakken we nu zacht de ui op, die in ringen werd gesneden. De uiringen zakken na een paar minuten lusteloos in elkaar.
4. De tomaten, geschild, ontpit en klein gesneden, vliegen nu de pan in. Samen met de fijngehakte knoflook, de suiker, en de marjoleinblaadjes. We laten nu alle, werkelijk alle vocht uit de tomaten verdampen. Na 10 minuten blijft er een droge tomatenpuree over in onze pan.
5. De aubergine en de courgette gaan opnieuw de pan in. We mengen grondig en intiem. De gekonfijte groenten scheppen we over in onze aubergineschelpen.
6. De aubergines komen vervolgens naast elkaar in een geoliede ovenschotel terecht. We overgieten de gevulde groenten vlug met nog wat olijfolie. De schotel schuift de oven in die staat afgesteld op 210° C. Na ongeveer 20 minuten zijn de bolle aubergines gaar en klaar.

• Tip
Kleine aubergines nemen heeft zijn voordelen: ze zijn smaakvoller en niet melig.
• Doordeweekse dorst
Wit, wit en nog eens wit. Liefst kruidig en bloemig van karakter. Een goede witte Côtes-du-Rhône bijvoorbeeld. Dat flesje mag zelfs een jaartje in de kelder hebben doorgebracht.

Wanneer tomaten bewaard worden onder de 15°C verliezen ze hun smaak. Laat tomaten dus altijd uitrijpen tussen het fruit in keuken of huiskamer.

Voor 4 personen

8 rijpe tomaten, 2 eetlepels pijnboompitten, 100 g roquefortkaas, 1 bosje raketsla, 5 cl zeer goede olijfolie, 2 eetlepels notenolie, 2 eetlepels goede rode wijnazijn, peper, 2 eetlepels gehakte peterselie.

Tomatenslaatje met roquefort

1. De tomaten draven eerst gedurende tien seconden een grote pot met hard kokend water in. De tomaten worden dan geschild. Versnijd ze vervolgens in artistiek verantwoorde schijfjes.
2. Bak de pijnboompitten gedurende een minuut in een braadpannetje met antikleeflaag. Zonder vetstof toe te voegen. Laat de pitten een zacht goudbruin kleurtje krijgen. Houd bij.
3. Maak de vinaigrette. Meng dus de olies, peper en azijn met een klopper. Giet de vinaigrette bij de tomaten. Meng en breng ze daarna over in een mooie saladière.
4. Verkruimel de roquefortkaas. Bestrooi de tomaten met de kaas. Strooi ook de pijnboompitten uit over de salade.
5. Bedek het slaatje luchtig met de schoongemaakte raketsla. Werk af met gehakte peterselie.

• Tip

We kunnen de pijnboompitten vervangen door verse okkernoten. Die noten hoeven we zelfs niet op te bakken.

• Doordeweekse dorst

Dit gerecht schreeuwt gewoon om een witte Loirewijn, gemaakt van de chenindruif. Kortom, een droge Vouvray. Of een Savennières, voor wie het in de week ook graag eens breed laat hangen.

Het lijkt wel alsof tomaten gedoemd zijn hun carrière te beëindigen gevuld met garnalen of met gehakt. De hedendaagse tomaat verdient echter een nobeler einde.
Daarom: gevulde tomaten met een zomerse, kruidige, frisse farce. Zowel warm, lauw als koud zijn deze tomeloze tomaten een lekkernij in de ware zin van het woord.

Voor 4 personen
8 rijpe trostomaten, 120 g ricottakaas, 1 eetlepel gemalen parmezaanse kaas, een bosje verse basilicum, 2 teentjes knoflook, 10 cl goede olijfolie, peper en zout.

Gevulde tomaten met ricotta

1. Schil de tomaten niet. Snijd er wel de bolle bovenkant vanaf en houd die bij. Het worden de legendarische hoedjes. Haal de binnenkant van de tomaten voorzichtig leeg. Pitten en tussenschotten kunnen makkelijk verwijderd worden met een koffielepeltje.
2. De ricottakaas komt in een kommetje terecht. Plet met de hulp van een sympathieke vork deze Italiaanse verse kaas. Meng onder de ricotta de gemalen parmezaan. Mix in een apart kommetje gauw knoflook, een tiental blaadjes basilicum en de olijfolie. Het groene papje draaft vervolgens eveneens bij de kaas. Meng met een spatel en plet nu lustig tot een mooie gladde kaascrème is geboren. Vul met deze crème nu de verstomde tomaten.
3. De tomaten in kwestie vinden dan hun gading in een ingeoliede ovenschotel. De hoedjes komen opnieuw op de rode parels. De schotel schuift de oven in, die afgesteld staat op 150 graden. Na veertig minuten zijn de tomaatjes helemaal uit zichzelf klaargekomen. Ze mogen dus uit de oven.
4. De tomaten kunnen warm, lauw of koud geserveerd worden.

• Tip
Verse tagliatelle met wat olijfolie en parmezaanse kaas zijn een ideale begeleider.
• Doordeweekse dorst
Een landwijntje uit Sicilië of Puglia.

Het loont altijd de moeite om champignons massaal op tafel te brengen, niet verscholen in één of ander sausje. Maar werkelijk als groente op zich. Bij een heerlijk simpel stukje vlees en zelfs bij vis.

Voor 4 personen

1 kg paddestoelen (wilde en gekweekte door elkaar), 2 eetlepels olijfolie, 1 teentje knoflook, 3 eetlepels fijngehakte bieslook, 2 eetlepels verse hazelnoten, peper en zout.

Paddestoelen met noten

1. Ga eerst de berg paddestoelen te lijf. Omwille van de hoge kostprijs van wilde bospaddestoelen kan een zeer boeiende mengeling worden samengesteld van gekweekte en écht wilde exemplaren. Bij de gekweekte horen de witte of nog beter de blonde Parijse champignons, en natuurlijk wat oesterzwammen. Een grote schep shiitakés zijn een absolute must. Voor de wilde stoelen wordt een verzameling boleten, cantharellen, en noem maar op in huis gehaald. Hoe meer soorten hoe beter en diepzinniger het eindresultaat. De verschillende soorten champignons vullen mekaar in smaak steeds aan. Mengen is in dit geval dus een kwaliteit en geen nadeel.
2. Was indien mogelijk de stoelen niet. Wanneer er te veel aarde aan de groente plakt, was ze onder de koudwaterkraan, met lopend water. En droog met rasse schreden af. Paddestoelen hebben immers een hekel aan water. Ze verliezen daar al hun smaak van. Het is mogelijk om het merendeel van de stoelen schoon te maken met een borsteltje. Snijd er de met aarde beplakte voeten af. Snijd de grote stoelen in charmante partjes of verterende schijfjes.
3. Als verdere voorbereiding rest enkel nog het vliesje, het legendarische schilletje van de verse hazelnoten te peuteren. Maal vervolgens in de mixer de blote noten tot grof gruis. En ga dan aan het fornuis staan.
4. Op een hoog vuur komt een grote braadpan met antikleeflaag met daarin een scheutje olijfolie. Als de olie begint te dampen is het moment gekomen. De verbaasde paddestoelen dartelen de pan in. Bak onder voortdurend roeren de stoelen op hoog vuur. Na een vijftal minuten is zowat alle water, dat zich in de champignons verborgen had, in lucht opgegaan. Pers dan met geurig enthousiasme een teentje knoflook uit over de paddestoelen. Laat nog een minuut verder bakken.
5. Haal dan de paddestoelenpan onherroepelijk van het vuur. Strooi de bieslook erover uit, kruid met peper en zout, en meng het geheel.
6. Laat vervolgens de champignons in een stralende warme serveerschotel schuiven. Sprenkel over de dampende groenten nog vlug een verse lepel olijfolie van topkwaliteit en bestrooi met de grof gehakte hazelnootjes.

• Tip

Pijnboompitten, okkernoten en zelfs amandelschilfers kunnen de hazelnoten vervangen.

• Doordeweekse dorst

Stevige wijn van het Haut-Médoctype, afkomstig uit... Californië, Australië, Chili, Zuid-Afrika of noem maar op.

Het voordeel van vegetarische schotels is dat je er niet alleen vegetariërs mee blij kan maken. Bij een gegrild stukje vis of vlees doet dit Indische eenpansgerecht met groenten ook de nodige wonde-ren

Voor 4 personen

500 g aardappelen (nicola of een andere niet-kruimige soort), 500 g bloemkool (of broccoli), 1 grote ui, 1 rode paprika, 2 eetlepels (ja, ja) goed kerriepoeder, 1/2 l groentebouillon (van een blokje), 4 dl kokosmelk (te koop in het grootwarenhuis), 200 g fijne groene tuinbonen, 1 teentje knoflook, 1 stukje verse gember van 2 cm, een bosje verse koriander, een scheutje arachideolie, zeezout.

Krachtige groentekerrie

1. Schil de aardappelen en versnijd ze in stukjes van ongeveer 3 cm. Schil en hak de ui in grove stukken. Maak de paprika schoon, haal er de pikante witte pitjes uit en versnijd in mooie reepjes. Pers de knoflook en rasp de verse gember.
2. Zet een pot op het vuur met daarin wat olie. Bak de ui en de paprika op stevig vuur gedurende een minuut of twee. Voeg de kerrie, gember en knoflook toe. Laat nog 30 seconden zacht verder bakken.
3. Giet de bouillon in de pot. Zwier de aardappelen en de bloemkool in het sop. Leng eventueel aan met wat water tot alles onderstaat. Laat dit potje gedurende 20 minuten zacht pruttelen zonder deksel. Roer regelmatig.
4. Kook de schoongemaakte fijne tuinboontjes in hard kokend water zonder deksel. Kook in een 7-tal minuten beetgaar. Giet dan onmiddellijk af en spoel zonder dralen met koud water om de felgroene kleur te fixeren.
5. Schep de gare groenten voorzichtig uit de saus en leg ze op een voorverwarmde serveerschotel. Meng de tuinbonen onder de andere groenten. Houd even warm in een lauwe oven (90° C).
6. Giet de kokosmelk bij de saus. Laat op hoog vuur inkoken tot een mooie gebonden, smeuïge saus is ontstaan.
7. Dit sausje gaat over de groenten en we werken af met goed wat gehakte verse koriander.

• Tip

Gebruik vooral genoeg kerriepoeder, want kokosmelk heeft de neiging om de pikante smaken danig in te tomen. Enne. wie broccoli gebruikt, voegt die natuurlijk wat later dan de aardappelen toe. Anders koken deze groenten tot moes.

• Doordeweekse dorst

Een jong fris, eenvoudig (dorst)wijntje. Rood, wit of rosé kunnen hier elk hun rolletje spelen.

De grill geeft aan eten een zacht, zeer verleidelijk bitter aroma. Een troef die we natuurlijk ook in een salade kunnen uitspelen.

Voor 4 personen

1 aubergine, 1 courgette, 1 venkelknol, 2 rijpe tomaten, 5 cl goede olijfolie, 12 zwarte olijven, 1 eetlepel fijngehakte platte peterselie, 1/2 koffielepel gedroogde oregano, 1 eetlepel notenolie, 1/2 citroen, peper en zout, een bosje raketsla.

Gegrilde groentesla

1. Snijd de aubergine en de courgette in de lengte in dunne repen. Met een scherp mes gaat dat makkelijk. Snijd de harde groene stukken van de venkel. Houd de fijne groene blaadjes bij. Snijd ook de venkel van boven naar beneden in dunne schijfjes.
2. Bestrijk alle groenterepen met een borsteltje met wat olijfolie. Zet de grillplaat op het vuur en laat warm worden.
3. Grill alle groenten langs de twee kanten gaar op de grillplaat. Leg ze in afwachting dat alle repen aubergine, courgette en venkel de revue gepasseerd zijn tussen keukentissue. Het papier 'trekt' de olijfolie opnieuw uit de groenten, ze zullen dan straks absoluut niet vettig uit de hoek komen. Laat de groenten afkoelen in het papier.
4. Was de tomaten en snijd ze in 4. Haal de pitjes weg en versnijd het vruchtvlees in mooie reepjes Zet weg.
5. Laat de gegrilde groenten heel, of versnijd in hapklare stukjes. Vermeng met de tomaten.
6. Maak de vinaigrette. 1 eetlepel notenolie, 4 eetlepels olijfolie, de oregano, de peterselie, het fijngehakte venkelgroen, peper en zout en wat citroensap kloppen we even grondig door elkaar.
7. Om te serveren. overgiet de salade met de vinaigrette, werk af met wat zwarte olijven, draai de raketsla even in olijfolie en strooi uit over de salade.

• Tip

Deze salade is ook een uitmuntend begeleider van vis of vlees op de barbecue.

• Doordeweekse dorst

Jong, fris wit, rood of rosé, het maakt niet uit, op voorwaarde dat de wijn op waardige wijze dorst lest.

Aan klassieke Chinese of Indonesische noedels hoeft geen vlees of vis te pas te komen. Geen ei ook niet. Op die manier komen de frisse, zuivere en verfijnde groentesmaken trouwens het best uit de bus. Uiteraard wordt alles klaargemaakt in onze flitsende wok.

Voor 4 personen

250 g verse of gedroogde noedels (Chinese noedels, spaghetti kan natuurlijk ook), 1 stukje verse gember van 2 cm, 2 teentjes knoflook, 3 loofwortels, 1 rode paprika, 1 ui, 100 g verse paddestoelen, 100 g sluimererwten (mange-touts), 50 g cashewnoten, 1 koffielepel lopende honing, 2 eetlepels (lichte) sojasaus, 1 eetlepel olijfolie, 3 lente-uitjes, een paar druppels sesamolie, peper en zout.

Notige groentenoedels

1. Kook de noedels beetgaar, zoals op het pakje staat aangegeven. Giet af en houd bij.
2. Maak alle groenten schoon. Versnijd de wortelen in plakjes van een halve cm dik. Snijd de paprika in reepjes. De ui ook in reepjes. De paddestoelen worden in 4 gesneden. De uiteinden gaan van de sluimererwten. Rasp de verse gember fijn en hak de knoflook in kleine stukjes.
3. Vermeng honing en sojasaus samen met 1 eetlepel water tot een lopende saus. Bak de cashewnoten even in een pannetje met antikleeflaag. Gebruik hierbij geen vetstof.
4. Zet de wok op hoog vuur. Giet de olijfolie erin en wacht tot de olie licht begint te dampen.
5. Laat gember en knoflook in de wok schuiven. Roerbak gedurende 30 seconden.
6. Keil alle groenten de wok in. Roerbak op hoog vuur gedurende een minuut of drie. Zet het vuur onder de wok dan lager. Giet de saus bij de groenten, laat 1 minuut al roerend zacht sudderen.
7. Laat de noedels bij de groenten schuiven. Meng voorzichtig.
8. Giet de noedels over op een serveerschotel. Bestrooi het gerecht met fijngesneden lenteui.

• Tip

Zeer veel groenten komen in aanmerking om in dit gerecht aan de bak te komen. courgette, babymaïs, erwten, broccoli, bloemkool, en noem maar op. Houd echter wel rekening met de gaartijd van de groenten. Hoe langer de gaartijd, hoe kleiner de stukjes, dat is de regel.

• Doordeweekse dorst

Een beendroge rosé. Liefst uit de Nieuwe Wereld. Want de roséwijnen uit Zuid-Afrika, Chili of Californië zijn een stuk minder alcoholgeladen dan de meeste Franse.

Wie van groenten houdt, kan niet om deze couscous heen.

Voor 4 personen

2 uien, 2 wortelen, 1/2 knolselder, 1 courgette, 1 rode paprika, een blikje kekererwten* (pois chiches), 50 g witte rozijntjes, 1 koffielepel komijnpoeder, 1 koffielepel korianderpoeder, 1 koffielepel paprikapoeder, 1 doosje saffraanpoeder (of draadjes), 2 koffielepels geconcentreerde tomatenpuree, 1 1/2 l groentebouillon (eventueel van een blokje), een scheut olijfolie, peper en zeezout.

• Voor het griesmeel. 600 g griesmeel, een stevige klont boter.

* De keker- of kikkererwt, een mediterrane peulvrucht die gedroogd of in blik verkocht wordt, is een traditioneel couscous-ingrediënt.

Couscous met groenten

1. Laat een stevige klont boter smelten. Zwier het griesmeel in een platte schotel. Zout. Overgiet de korrels met anderhalf keer het volume warm water. Giet de boter bij het verzonken griesmeel en meng. Laat 20 minuten staan.
2. Maak de groenten schoon en snijd ze in hapklare brokken.
3. Laat een stevige eetlepel olijfolie warm worden in een grote pot. Doe de ui, wortelen en knolselder de pot in. Laat de groenten aanfruiten gedurende 5 minuten op stevig vuur.
4. Strooi komijnpoeder, koriander, paprika en saffraan uit over de groenten. Peper ruim. Laat nog een minuut doorbakken.
5. Voeg de tomatenpuree toe en overgiet alles met de groentebouillon. Voeg de rozijntjes toe. Laat 20 minuten stevig koken onder deksel.
6. Voeg dan de courgette en de rode paprika toe. Laat nog een kwartier verder koken en laat dan de uitgelekte en gespoelde kekererwten in de couscous schuiven. De couscous mag nu nog 5 minuten verder zijn gang gaan.
7. Tussen de bedrijven door hebben we ons met het griesmeel beziggehouden. De korrels pletten we van elkaar met een vork. En daarna hebben we het griesmeel gestoomd in de couscoussière gedurende een kwartier tot 20 minuten.
8. De pot met groenten en het gestoomde griesmeel worden samen op tafel gezet. Eerst scheppen we wat griesmeel in de diepe borden. We overgieten met groenten en soep.

• Tip

De knolselder kan eventueel vervangen worden door witte selder, samen met raapjes. Vleeseters smikkelen zich bij dit machtige gerecht te pletter door samen met de couscous een sappige roze gegrilde lamsbrochette te serveren.

• Doordeweekse dorst

Een Australiër van goede afkomst maakt het feest compleet. Een shiraz dus.

We laten asperges trouwen met verse doperwten.

Voor 4 personen

Een bos Mechelse asperges, 500 g verse doperwten, een bos jonge lente-uitjes, een klontje boter, 25 cl goede gevogeltebouillon, 1/2 theelepel griessuiker, peper en zout.

Asperges met erwten

1. Eerst nemen we de asperges onder handen. Ga ze met een fijnschiller te lijf en haal er zeer zorgvuldig het draderige vel vanaf. Neem voorzichtig een asperge bij het kopje en schraap vanaf ongeveer vier centimeter onder de punt met een dunschiller tot beneden. Draai de asperge dan even en blijf deze bewerking herhalen tot de hele asperge ontbloot is. Breek de houterige onderzijde af met een beslist gebaar. Op die manier scheiden het sappige vruchtvlees en het harde hout zich automatisch. Snijd nu de koppen, een stuk van een goede vijf centimeter, van de asperges en versnijd de stelen meedogenloos in stukjes van drie centimeter lang. Houd de nietsvermoedende aspergestukken vervolgens apart in koud water.
2. Dan zetten we onze duimen aan het werk. Daarmee bedoel ik dat we de doperwten gaan doppen. Laat met een krachtige knik van de duim de verse doperwtjes uit hun huls schieten. Maak vervolgens de lente-uitjes schoon. De baard gaat eraf en snijd het witte stuk van het groen.
4. Op het fornuis komt nu een pan te staan. Het klontje boter smelt er lieflijk in uit. Eerst draven de witte lente-uitjes de pan in. Ze mogen twee minuten zacht opstoven. En dan galopperen de uitgelekte stukjes aspergestelen (niet de koppen!) samen met de erwten de pan in. Alle groenten mogen nu vijf minuten teder in de boter aanstoven.
5. Leng vervolgens aan met de goede gevogeltebouillon. Voeg peper en zout toe, en voeg slinks de griessuiker toe. Het vuur onder de pan mag nu even hoger om de bouillon aan de kook te laten komen. Dek vervolgens de pan af en laat alles vijf minuten zacht verder pruttelen op een laag vuurtje. Na vijf minuten hossen de aspergepunten de groentepan in. Opnieuw mag de hele zaak onder deksel verder pruttelen. Nogmaals vijf minuten. Na een totale kooktijd van vijftien minuten zijn onze groenten in principe knapperig beetgaar. Dan zijn ze op hun opperbest. En niet platgekookt en melig.
6. Schep nu met een welwillende schuimspaan de groenten over op een verwarmde, diepe serveerschotel, en houd die even op temperatuur in een lauwe oven. Het kookvocht van de groenten mag nu inkoken op hoog vuur. Tot op de helft.
7. Giet dit heerlijke, uit zichzelf licht gebonden vochtje vrolijk over de asperges met erwten. Werk vrolijk af met wat fijngehakt groen van de lente-uitjes en poot vervolgens de indrukwekkende schotel neer naast een stralende rosbief, een machtig kalfsgebraad, of een sappige moot gebakken vis. Het maakt niet uit, want smaken zullen ze…

• <u>Tip</u>

In geval van nood kunnen de erwten uit de diepvriezer komen. De asperges niet.

• <u>Doordeweekse dorst</u>

Een pinot blanc uit de Elzas.

Pompoen verdient beter dan enkel en alleen in soep een rol te spelen.

Voor 4 personen

800 g pompoenvlees, 2 uien, 2 teentjes knoflook, een stukje verse gember van 2 cm, een blikje kekererwten (pois chiches), 2 eetlepels arachide-olie, 1 koffielepel goed currypoeder, 100 g fijne groene tuinboontjes, 2 dl kokosmelk, een bosje verse koriander, zeezout.

Pompoencurry

1. Hak ui en knoflook fijn. Snijd met een scherp mesje de schil van de gember en rasp of versnijd in piepkleine stukjes.
2. Laat de arachide warm worden op het vuur in een potje met dikke bodem. De ui, gember en knoflook dwarrelen vervolgens bij de olie. Laat de groenten zachtjes opstoven gedurende een minuut of vijf. Roer voortdurend. Voeg dan het currypoeder toe en laat een minuut doorbakken.
3. Snijd het pompoenvlees in sympathieke blokjes van 2 bij 2. Zwier de pompoen de pot in en laat al roerend nog een tweetal minuten doorbakken.
4. Giet de kokosmelk bij de pompoen en voeg 5 cl water toe. Zet het deksel op de pot en laat een kwartier zacht sudderen.
5. Keil de schoongemaakte tuinbonen in ruim hard kokend, gezouten water. Laat de tuinbonen op een zo hoog mogelijk vuur koken zonder deksel gedurende 8 minuten. Giet dan af en spoel de boontjes onmiddellijk met koud water tot ze koud zijn. Snijd dan de boontjes in stukjes van 2 cm.
6. Maak het blik kekererwten open en spoel de erwten onder de koudwaterkraan. Laat even uitlekken.
7. Laat de kekererwten bij de pompoen glijden, meng voorzichtig en laat een minuut of vijf zacht sudderen zonder deksel. De bedoeling is dat ook de saus wat inkookt.
8. Voeg de tuinboontjes toe, meng opnieuw en laat 2 minuten opwarmen.
9. Bestrooi de groenteschotel met fijngehakte verse koriander en serveer.

• Tip

De kokosmelk kan perfect vervangen worden door yoghurt of room. Dien wat rijst op bij de curry. Als begeleider bij vis of vlees komt de curry ook prima aan bod.

• Doordeweekse dorst

Waarom geen piepjong fris en fruitig rood wijntje bij de curry? Wie Beaujolais Nouveau op de kop kan tikken die nog de naam wijn waard is, hoeft niet te twijfelen. En anders laten we er de Nouveau gewoon af. We laten dan een goede Brouilly of Fleurie aanrukken.

Vitamientjes stockeren, luidt nu de leuze, met de winter voor de deur! Dat kan op een formidabel eenvoudige, smakelijke manier met de oerspaanse gaspacho. Koude tomatensoep die soelaas brengt op broeierige nazomerdagen.

Voor 4 personen
1 kg rijpe tomaten, 1 komkommer, 1 rode paprika, 1 teentje knoflook, 4 lente-uitjes, 6 sneetjes oud brood, 2 eetlepels wijnazijn, 1 eetlepel citroensap, 4 eetlepels maagdelijke olijfolie, peper en zout.

Volle gaspacho

1. Het gaat allemaal erg makkelijk in z'n werk. De tomaten nemen gedurende tien seconden een bad in kokend water. Schil prompt daarop de rode onverlaten, pers er de pitjes uit en versnijd het vruchtvlees in grove stukken.
2. Daarna gaat de komkommer onder de fijnschiller. De groene schil vliegt eraf en de ontblote vrucht wordt overlangs in vieren gesneden. Snijd met een scherp mesje het pittige hart weg uit de komkommer. Versnijd daarna het zachtgroene vruchtvlees in artistiek verantwoorde kubusjes.
3. De paprika wordt gewassen en ontpit. En daarna eveneens in krachtige blokjes gesneden. De korst gaat van 4 boterhammen. Verkruimel het kruim.
4. Tomaten, de helft van de komkommer, de helft van de paprika, en het brood komen nu in de keukenrobot terecht. Ze krijgen daar onmiddellijk het gezelschap van de kleingesneden lente-ui en een naakte knoflookteen. Mix nu dat het een lust is om zien en tot er een mooi gladde, dikke groentepuree is ontstaan.
5. Giet die puree gezwind over in de mooiste soupière. Voeg nu peper en zout, wijnazijn, citroensap en olijfolie toe. Leng met ijskoud water de dikke puree aan tot er een mooi soepje is ontstaan.
6. Dek vervolgens de soupière af en tracht de kom gedurende twee uur te vergeten in de koelkast. Versnijd de overgebleven boterhammen eveneens in blokjes, die daarna in een braadpan in wat olijfolie opgebakken worden. Het resultaat ligt voor de hand. heerlijke korstjes prijken dan in al hun glorie op tafel naast de overgebleven komkommerkubussen en de paprikablokjes. Om uiteindelijk naar eigen goeddunken in de ijskoude Spaanse soep te stranden.

• Tip
Zwier voor het opdienen wat ijsblokjes in de soep.
• Doordeweekse dorst
Een heerlijk koel glas water.

Het levende voorbeeld van het simpele feit dat de meest eenvoudige bereidingen soms de allerlekkerste zijn.

Voor 4 personen
4 preien, 500 g aardappelen (bloemige soort), 2 klontjes boter, 2 sneetjes witbrood, zout.

Preisoep

1. Snijd de baard en het harde groen van de preien. Versnijd wit en begin van het groen in vrolijke stukjes. Was dan de prei onder de koudwaterkraan.
2. Laat een klontje boter uitsmelten in de lege soeppot. Keil er dan de nog natte prei bij. Roer met de houten spatel en laat de prei op een zacht vuurtje gedurende een minuut of tien stoven. Vergeet niet regelmatig te roeren.
3. Schil ondertussen de zacht kokende aardappelen. Versnijd de verbaasde knollen in kleine kubusjes. Gooi de aardappelen bij de prei.
4. Leng onmiddellijk aan met 1 1/2 liter water. Breng aan de kook en laat zonder deksel lustig borrelen gedurende een twintigtal minuten. Zout het soepje matig.
5. Het witte brood wordt van zijn korst ontdaan. Snijd het kruim in blokjes van een halve centimeter. Bak de broodblokjes op stevig vuur in een pannetje in een klontje boter. In een paar minuten ziet het brood er goudgeel uit. Hou de 'croutonskes' apart.
6. Schep met een schuimspaan een lepeltje groenten uit de soep. Mix dan met een handmixer tot een mooi, glad preisoepje. Vertrouw de overgebleven stukjes groente opnieuw toe aan het dampende sop.
7. Laat op het fornuis opnieuw even aan de kook komen. Serveer dit heerlijke preisoepje samen met de broodkortjes.

• Tip
Spoel de prei na het schoonmaken kort en hevig onder koud water. Op die manier gaan er nauwelijks smaak en vitamines verloren.
• Doordeweekse dorst
Waarom geen beendroog glaasje witte wijn bij dit soepje? Een goede Luxemburgse riesling bijvoorbeeld.

Om heerlijke soep te bereiden, hoef je geen uren en uren een pot te laten pruttelen op het fornuis.

Voor 4 personen
500 g spruitjes, 1 l kippenbouillon, 120 g gerookt spek, 50 g boter, een scheutje room, wat vers geraspte muskaatnoot, zout.

Spruitensoep

1. Maak de spruitjes schoon door er met een mesje de harde onderkant af te snijden. Trek de losse en beschadigde blaadjes van de spruiten. Zwier de bolletjes vervolgens in hard kokend gezouten water. Laat tien minuten koken zonder deksel. Giet af.
2. Breng de bouillon gezwind aan de kook.
3. Laat in een andere pot een klontje boter uitsmelten. Keil er de spruiten bij en laat ze gedurende een vijftal minuten zacht stoven in de vetstof.
4. Giet de bouillon bij de spruiten en breng opnieuw aan de kook. Laat een vijftal minuten pruttelen zonder deksel. Mix de soep fijn met de staafmixer.
5. Zet dan de pot even van het vuur, wacht een paar minuten en schep met een schuimspaan de bovenzijde van de soep.
6. Snijd het gerookt spek in blokjes. Bak de blokjes gedurende een minuut of drie in een braadpannetje met antikleeflaag. Laat de krokante spekjes vervolgens in de soep verdwijnen. Voeg er ook wat muskaatnoot aan toe.
7. Laat de soep opnieuw aan de kook komen en werk af met een klein scheutje room.

• Tip
Houd misschien een paar beetgaar gekookte spruitjes apart om later gehalveerd op een artistiek verantwoorde wijze in de soep te laten ronddobberen.

• Doordeweekse dorst
Een witte, droge Bergerac, die naar bloemetjes geurt (en smaakt).

Met een banale wortel kan de kok onvermoede wereldse kanten op...

Voor 4 personen

750 g wortelen, 1 ui, 1 kleine aardappel, 1 koffielepel gemberpoeder, 2 eetlepels olijfolie, 1 bosje verse koriander, zout.

Kruidige wortelsoep

1. Maak de wortelen schoon met een fijnschiller. Versnijd de penen dan in kleine stukjes. Ruk het vel van de ui en hak in kleine blokjes. Schil de aardappel en versnijd eveneens in kleine stukjes.
2. Laat de olijfolie rijkelijk uitvloeien in een pot. Zwier er de ui bij en zorg ervoor dat deze het gedurende een vijftal minuten zacht kan uitzweten in de olie.
3. Keil de wortelen in dezelfde pot. De groenten mogen een drietal minuten zacht aanfruiten in de olie.
4. Voeg het gemberpoeder toe en leng de hele zaak aan met 75 cl water. Laat dan ook de aardappel in de soep glijden.
5. Breng op een fiks vuur aan de kook en laat een kwartier koken zonder deksel.
6. Mix de soep. Zet ze opnieuw op het vuur om nog even te laten opkoken. Kruid met peper en zout. Giet over in een verwarmde soupière en werk af met fijngehakte koriander.

• Tip

Kruidenliefhebbers grijpen voor dit heerlijke soepje ook naar de komijnpot.

• Doordeweekse dorst

Als we dan toch beaujolais moeten drinken, drinken we deze ijsgekoelde rode wijn bij deze soep.

Ook pure groente-schotels (om het modewoord vege-tarisch niet te gebruiken) heb-ben duidelijk een ereplaats in de doordeweekse keuken. Zelfs kleine kinderen (meestal niet zo vegetarisch inge-steld, om een understatement te gebruiken) zijn gek op dit soepje.

Voor 4 personen
500 g gedroogde erwten, 2 uien, 3 teentjes knoflook, 1 takje tijm, 1 laurierblad, een klontje boter, zout.
• Voor de soldaatjes
3 grote sneden wittebrood, een stevige klont natuurboter.

Erwtensoep met soldaatjes

1. Was de gedroogde erwten zeer uitvoerig onder de koudwaterkraan. Zwier ze een grote pot in en zet ze ruim onder in koud water. Breng vlug aan de kook op een hoog vuur. Laat 1 minuut hard koken. Giet dan de erwten af.
2. Leg de erwten opnieuw in de pot. Bedek ze zeer ruim met water. Genoeg water is essentieel voor erwten. Voeg de gepelde knoflooktenen, de grof gesneden ui, tijm en laurier toe. Zet het deksel op de pot en laat gedurende een uur en een half tot 2 uur zachtjes koken.
3. Laat afkoelen en zet de pot erwten met het vocht weg in de koelkast tot 's anderendaags.
4. Zeef de erwten, maar houd vooral het kookvocht bij. Vis de tijm en de laurier eruit. Maar laat de knoflook en de ui bij de erwten.
5. Maal de erwten fijn in de keukenrobot of de groentemolen. Duw de dikke puree eventueel door een zeef, om mogelijke storende velletjes te vermijden. Wie met een staafmixer tewerkgaat, lengt best eerst aan met wat kookvocht.
6. Doe de erwtenpuree in een pot en leng aan met kookvocht tot een lopend maar toch nog stevig soepje is ontstaan. Breng aan de kook en voeg dan pas zout toe.
7. Snijd de korst van de boterhammen en versnijd het kruim in kubusjes. Zet een pannetje met antikleeflaag op het vuur, laat opwarmen en dan de boter uitsmelten. Bak de broodblokjes op een hoog vuur en al roerend gedurende een minuut of drie tot ze goudgeel zien.
8. Serveer de kokende soep samen met de gebakken soldaatjes.

• Tip
Wat fijngehakte verse munt, alvorens te serveren, maakt van de erwtensoep een gastronomisch monument. Een lepeltje room mag ook natuurlijk.
• Doordeweekse dorst
Een fris, eenvoudig glaasje droge witte wijn gaat de dorst te lijf. Ook bij soep.

Mijn grootmoeder werkte haar formidabele aardappelpuree op met een meer dan stevige klont boter. Ik ook. Soms. Want mijn hart gaat ondertussen naar aardappelen met goede olijfolie en wat boter natuurlijk. En lekker dat dat is...

Voor 4 personen

800 g doradefilet, 1 kg zachtkokende aardappelen (bintjes of polders), 1 klontje boter, 10 cl goede maagdelijke olijfolie, 4 eetlepels tapenade van zwarte olijven, 10 cl melk, 1 tomaat, 1 bosje bieslook, 1 eetlepel kappertjes in 't zuur, 1 eetlepel bloem, peper en zout.

Dorade met olijvenstoemp

1. Schil de aardappelen en kook ze gaar in gezouten water. Giet af en draai de aardappelen door de pureemolen. Of stamp ze fijn. Voeg de tapenade toe. Werk eerst op met de melk en voeg dan zeer goede olijfolie toe naar smaak.
2. Terwijl de aardappelen hun gang gaan hebben we de tomaat geschild door ze gedurende tien seconden onder te dompelen in kokend water. Snijd de tomaat in vieren, haal er de pitten uit en snijd het vruchtvlees in kubusjes. Giet een stevige scheut olijfolie in een pannetje, voeg de tomaten toe, een portie fijngehakte bieslook en de kappertjes. Laat maximaal gedurende vijf minuten opwarmen op een zeer zacht vuurtje. De bedoeling is dat de olijfolie lauw wordt.
3. Draai de visfilets in de bloem en bak ze gedurende vijf minuten per kant in een pannetje met antikleeflaag in wat olijfolie.
4. Warm de puree nog even op. Verdeel op de borden. Bovenop de puree komen de visfilets. De olijfolie met tomaat en kappers gieten we er omheen. We versieren nog vlug met wat fijngehakte bieslook.

• Tip

Tapenade van zwarte olijven is kant en klaar te koop in het warenhuis. Kies evenwel niet het goedkoopste potje...

• Doordeweekse dorst

Een kruidige maar soepele rode landwijn. Goed gekoeld. Opteer misschien voor een Siciliaan, waarin nero d'avoladruiven verwerkt zijn. Côtes-du-Rhône voelt zich ook in zijn sas bij de dorade.

Het klinkt niet als een salade, maar schijn bedriegt.

Voor 4 personen

1 rogvleugel, 150 g jonge spinazie, 1 eetlepel witte wijnazijn, 1/2 citroen, 1 eetlepel kappertjes, 1 onbespoten citroen, 5 eetlepels goede olijfolie, 1 bosje bieslook, peper en zout.

Rog met spinazie

1. Schil de citroen dun met een fijnschiller. Snijd de gele schil in fijne reepjes. Leg die in koud water in een pannetje. Laat aan de kook komen en gedurende 4 minuten sudderen. Giet af en laat afkoelen.
2. Stoom de rogvleugel gedurende een kwartiertje tot 20 minuten. Of pocheer de vis in court-bouillon.
3. Leg de gewassen spinazieblaadjes op de borden.
4. Ontdoe de rog van de centrale graat en trek het visvlees in smakelijke stukjes.
5. Maak de vinaigrette. Hak de kappers grof. Laat ze bij de olie glijden, voeg azijn, wat citroensap en peper en zout toe. Meng alles grondig.
6. Schik de lauwe vis op de spinazie. Overgiet met de vinaigrette. Werk af met fijngehakte bieslook en citroenschilletjes.

• Tip

Een paar rauwe fijngesneden paddestoelen kunnen het feest nog groter maken.

• Doordeweekse dorst

Hier hoort toch een witte van niveau bij. Een sauvignon blanc met stevige ellebogen, bijvoorbeeld. Pouilly Fumé?

Een slaatje waarin roze garnalen de liefde bedrijven met twee partners: komkommer en radijzen.

Voor 4 personen
1 komkommer, 1 bosje rode radijzen, 200 g roze garnalen, 10 verse muntblaadjes, 1 potje volle yoghurt, 1 eetlepel mosterd, een mespunt cayennepeper, 1/2 citroen, peper en zout.

Roze garnalensla

1. We schillen de komkommer en versnijden in de lengte in 4. Het weke hart met pitjes snijden we eruit En daarna versnijden we het vruchtvlees in sneetjes van een halve centimeter dik. We strooien wat zout over de komkommer, mengen en laten een tiental minuten rusten
2. Giet het vrijgekomen (zoute) sap van de komkommer.
3. Was de radijzen grondig en snijd in prachtige, ragfijne ronde schijfjes.
4. We mengen de yoghurt, de mosterd, cayennepeper, gewone witte peper, een vleugje zout en het sap van de halve citroen. Het mengen gebeurt grondig en intiem.
5. Uitgelekte komkommer en radijzen worden nu onder de saus gedraaid.
6. Bovenop strooien we de wonderlijke roze garnalen.
7. Om af te werken dwarrelen we de fijngehakte muntblaadjes over het slaatje.

• Tip

Wie nog wat gekookte mosseltjes over heeft, kan ze zonder problemen onder dit slaatje mengen.

• Doordeweekse dorst

Laat de koele rosé maar aanrukken. Liefst afkomstig uit de Nieuwe Wereld. Australië, Chili, Argentinië, noem maar op. Daar maken ze tussen haakjes heel wat betere roséwijnen dan in de Oude Wereld. Hoe jonger de wijn, hoe beter.

Wie zegt dat kinderen geen vis lusten? Dit slaatje al geprobeerd? Tussen haakjes: als er na een rijke maaltijd nog wat mosselen overblijven, niet getreurd. Verwerk ze de volgende dag in dit heerlijke slaatje.

Voor 4 personen

1 kg hard kokende aardappelen (nicola of BF 15), 1 forse kabeljauwmoot of een stevig stuk andere witte vis, 1/2 kg mosselen, 100 g grijze garnalen, 1 sjalot, 1 ui, 1 takje groene selderij, 1 klein klontje boter, 1/2 glas droge witte wijn, een bosje platte peterselie.

• Voor de mayonaise

1 eierdooier, 1 koffielepel mosterd, 10 cl arachide-olie, 1/2 citroen, peper en zout.

Winterse vissla

1. Stoom de aardappelen gaar in een stoompan of couscoussière. Schil ze terwijl ze nog warm zijn en versnijd de patatten in verleidelijke schijfjes. Leg de schijfjes in de mooiste saladière en besprenkel de lauwe aardappelen met een klein beetje witte wijn..
2. Stoom de moot kabeljauw gaar in dezelfde pan. Laat goed gaarstomen gedurende een tiental minuten. Haal dan de vis uit de pan en verwijder het vel. Trek het kabeljauwvlees met een vork uit elkaar in hagelwitte stukjes. Voeg de stukjes vis bij de aardappelen.
3. Hak de ui en de selderij fijn. Laat in een potje wat boter uitsmelten en laat daarin ui en selder stoven op een zacht vuurtje gedurende 4 minuten.
4. Voeg de meermaals zorgvuldig gewassen mosselen toe. Overgiet met witte wijn. Peper uitvoerig. Zet het vuur onder de pot op maximale sterkte en zwier het deksel op de pot. Laat de mosselen garen gedurende een minuut of acht. Schud na 4 minuten even op.
5. Haal de gare mosselen uit de schelpen. Houd eventueel een paar prachtexemplaren in hun geheel apart om later de schotel te versieren. Doe de mosselen bij de aardappelen en vis.
6. Hak de sjalot zeer fijn. Strooi over de salade. Meng nu de salade voorzichtig maar grondig.
7. Maak de mayonaise. Meng de eierdooier, zout en de mosterd. Laat een minuut staan. Werk dan de mayonaise op door al kloppend met een garde de olie in een fijn straaltje bij de eierdooier te gieten. Breng daarna de dikke mayonaise op smaak met wat citroensap. Leng de mayonaise aan tot een lopend sausje met kookvocht van de mosselen.
8. Giet de saus over de salade. Strooi de verse grijze garnalen over het geheel. Werk af met goed wat verse gehakte peterselie.

• Tip

Geschilde, ontpitte en in stukjes gesneden tomaat, en eventueel wat fijngehakte lente-ui verhogen nog danig het eetplezier.

• Doordeweekse dorst

Geef er mij maar een goed gemaakte chenin uit Zuid-Afrika bij. Uit de Loirestreek mag natuurlijk ook.

Een wijting is een sympathiek beest. Goedkoop, lekker en makkelijk om eten want in het visvlees zelf zitten helemaal geen graten.

Voor 4 personen
4 kleine wijtingen, 4 sneetjes gezouten ontbijtspek, 4 cl droge witte wijn, 300 g shii-takepaddestoelen of gewone witte paddestoelen, 1 teentje knoflook, 4 takjes verse rozemarijn, 1 eetlepel fijngehakte bieslook, een klont boter, een scheutje olijfolie, peper en zout.

Wijtingpapillot met paddestoelen

1. Maak de paddestoelen schoon met een borsteltje. Snijd er de harde stelen af. Snijd de stoelen zelf in artistiek verantwoorde schijfjes.
2. Poot een braadpannetje neer op het vuur en bak daarin de paddestoelen op een hoog vuur in wat olijfolie met boter. Baktijd. 1 minuut. Voeg op het einde de geperste knoflook toe.
3. Draai de sneetjes spek rond de gewassen vissen.
4. Leg 4 grote bladen aluminiumfolie met de blinkende kant naar boven klaar op het aanrecht. Bestrijk ze met een borsteltje met olijfolie.
5. Verdeel de licht opgebakken paddestoelen over de folies.
6. Leg er telkens een visje op.
7. Op elke vis komt een takje rozemarijn en een paar kleine klontjes boter. Voor we de papillotten gaan sluiten gieten we nog vlug een klein scheutje witte wijn bij de vis.
8. Plooi de vispakjes hermetisch (luchtdicht dus) toe.
9. Schuif ze gedurende 10 tot 12 minuten in de voorverwarmde oven (220° C).

• Tip
Wie geen vertrouwen heeft in wijting (spijtig) kan deze vis eventueel vervangen door een smakelijk stuk zalmforel.
• Doordeweekse dorst
Een goede, droge riesling uit Duitsland of Oostenrijk.

Voor één keer belanden de groenten in de oven en niet de vis. En dat maakt er de hele zaak nog lekkerder op ook…

Voor 4 personen

4 stukken kabeljauwhaasje (200 g elk), 2 eetlepels bloem, 2 eiwitten, 4 eetlepels paneermeel (van beschuit), 4 eetlepels gemalen amandelpoeder, 250 g kerstomaten, 1 grote rode ui, 2 teentjes knoflook, 1 bosje raketsla, 1 eetlepel kappertjes in 't zuur, 1 eetlepel goede witte wijnazijn, olijfolie, een klein klontje boter, peper en zeezout.

Knapperige kabeljauw

1. Laat de oven heet worden. 240° C.
2. Maak de ui schoon en snijd in smakelijke reepjes. Was de kerstomaatjes en droog ze af. Olie een platte ovenschotel in met goede olijfolie. Leg hierin tomaatjes en ui. Pers de knoflook uit boven de schotel. Overgiet met een fijn straaltje olijfolie. Bedruppel met een klein beetje witte wijnazijn. Schuif de schotel open en bloot in de oven. Laat de groenten daar gedurende een kwartier tot twintig minuten tot hun zinnen komen. De groenten zijn klaar als de tomaatjes zacht zijn geworden.
3. Meng het paneermeel en het amandelpoeder. Spreid dit mengsel uit in een diep bord.
4. Doe de eiwitten in een ander diep bord. Voeg een paar druppels olijfolie en twee eetlepels water toe. Klop de eiwitten los met een vork.
5. Giet de bloem in een derde diep bord. Peper en zout de bloem stevig en spreid uit.
6. Was de vis en dep de moten zorgvuldig droog.
7. Draai de kabeljauwen stuk voor stuk eerst in de bloem. Tik even op de vis om de overtollige bloem te verwijderen. Haal de vis dan zorgvuldig door het eiwit. Draai dan door het paneermeelmengsel. Laat de vis een paar minuten rusten.
8. Bak de kabeljauw vlug in een pan met antikleeflaag in wat olijfolie met boter. 3 minuten langs elke kant volstaan om de vis een mooi goudgeel kleurtje te geven en bovendien te garen.
9. Haal de gare tomaten uit de oven. Zout de groenten. Strooi er de schoongemaakte raketsla en de kappertjes over uit. Vlij de kabeljauw op de groenten en serveer.

• Tip

Serveer met wat verse pasta of gekookte rijst. Wie op het einde nog een paar blaadjes basilicum en wat drooggebakken pijnboompitten toevoegt, zorgt voor een schitterend Italiaans knaleffect.

• Doordeweekse dorst

Fris wit is troef. Maar er moet toch wat kracht aanwezig zijn om de zeer smaakvolle kabeljauw te kunnen dragen. Probeer misschien eens een jonge Luxemburgse riesling van opperbeste kwaliteit.

Op warme dagen lonken koele visgerechten. Geen enkele andere schotel smaakt dan zo heerlijk. Bovendien houden we het kerngezond.

Voor 4 personen

4 zeewolffilets van elk 200 g, 2 uien, 2 teentjes knoflook, 25 cl goede droge witte wijn, 1 onbespoten citroen, 2 tomaten, 10 groene ontpitte olijven, olijfolie, peper en zeezout, platte peterselie.

Koele zeewolf

1. Eerst maken we een razendsnel bouillonnetje. Daarvoor mag de in reepjes gesneden ui en de geperste knoflook in wat olijfolie gedurende een minuut of vijf aanfruiten zonder kleuren. We lengen dan aan met de witte wijn en een even grote hoeveelheid water. Breng aan de kook en laat tien minuten sudderen.
2. Olie een ovenschotel in met wat olijfolie. Bedek de bodem met fijne schijfjes citroen.
3. Leg de visfilets in de schotel. Verdeel wat stukjes tomaat tussen de vis. Snijd de olijven in schijfjes en strooi ze uit over de vis. Peper en zout.
4. Giet de kokende bouillon met de ui over de vis, die dan in principe moet onderstaan.
5. Schuif de schotel gedurende 10 minuten in een warme oven (240° C).
6. Haal de schotel uit de oven en laat afkoelen. Bestrooi voor het opdienen met verse fijngehakte peterselie.

• Tip

Serveer deze frisse zeewolf met een krakend verse groene primeursla en aardappelsalade, opgewerkt met olijfolie, citroen en stukjes pijpajuin.

• Doordeweekse dorst

Dit is het moment om met koele, jonge rode wijn van het Beaujolaistype voor de pinnen te komen.

Een voorgerecht of een hoofdgerecht dat werkelijk klaar is in een wip. En dat scampi in een totaal ander lekker daglicht stelt.

Voor 4 personen

24 scampi's (grote zoetwatergarnalen) uit de diepvries, 1 komkommer, 1 koffielepel goed kerriepoeder, 1 scheutje jenever, 10 cl lopende room, 1 scheutje olijfolie, 1 bosje verse koriander, peper en zout.

Scampi met komkommer

1. Ontdooi de scampi's in warm water, haal er het pantser af, maar laat het staartstukje zitten. Snijd elke garnaal in de lengte doormidden. Verwijder het zwarte darmkanaal.
2. Schil de komkommer, snijd in de lengte in 4. Snijd het pittige hart uit de komkommer. Het overgebleven vaste vruchtvlees snijden we vlug in sympathieke blokjes.
3. Zet een braadpan met antikleeflaag op hoog een vuur. Laat er dan de olijfolie warm in worden. Als de olie begint te dampen, vliegen de scampi's de pan in. Laat al roerend een minuut of drie bakken op hoog vuur tot alle garnalen mooi roze zijn geworden. Zet dan het vuur wat lager.
4. Zwier de komkommer bij de scampi's. Laat nog twee minuten verder bakken op wat zachter vuur.
5. Strooi de kerrie uit over de garnalen. Laat nog één minuut bakken. Schep komkommer en garnalen uit de pan en houd apart.
6. Zet de pan terug op het vuur en giet er de jenever in. Wrijf met een spatel over de bodem en laat de jenever voor de helft inkoken.
7. Giet de room de pan in. Laat de saus dan inkoken tot ze smeuïgheid heeft verkregen. Dat duurt normaal een minuut of twee.
8. Schuif garnalen en komkommer opnieuw de pan in. De hele zaak mag nu nog even opwarmen. Peper en zout. En dan glijdt alles op de warme serveerschotel of op de borden.
9. Versier met wat verse korianderblaadjes.

• Tip

Wie bedenkingen heeft bij de room (en da's spijtig), kan deze vervangen door kokosmelk of yoghurt.

• Doordeweekse dorst

Een beendroog, jong wit wijntje dat bloemig uit de hoek komt. Een witte Côtes-du-Rhône bijvoorbeeld. Of een Italiaanse Orvieto.

In vroeger dagen werden mosselen uitsluitend 's winters gegeten. Zoals iedereen weet is in die gewoonte danig verandering gekomen. Mosselen zijn nu een zonnig gerecht geworden, dat ook winterse dagen mag opfleuren. En gelukkig zijn er nu het hele jaar door massa's verse kruiden verkrijgbaar die dat zonnige gevoel nog kunnen versterken.

Voor 4 personen

1 1/2 kg mosselen, 3 eetlepels olijfolie, 1 pakje saffraandraadjes, 1 rode paprika, 1 gele paprika, 3 uien, 2 eierdooiers, 20 cl room, 1 bosje verse basilicum, peper.

Mosselsoep met saffraan

1. Geef om alle mogelijke zand te verwijderen de mosselen nog een laatste rituele bad. In zeer ruim water. De mosselpot komt op het vuur. Met wat olijfolie erin en een fijngesnipperde ui. De ui mag een minuut of vijf zacht opstoven.
2. Keil dan alle mosselen in één keer de pot in. Ruim peperen en overgieten met een half glas water. Het deksel komt op de pot en het vuur op maximale sterkte. Schud na vier minuten even op en na nogmaals 4 minuten zijn de zeevruchten gaar. Laat even afkoelen, schep de schelpen uit de pot, giet het sap af en zorg daarbij dat er geen zand meekomt.
3. De beestjes worden vervolgens uit de schelp gehaald. Houd de 16 mooiste exemplaren echter apart. Met schelp en al.
4. De soeppot vindt nu een plaatsje op het vuur. Met ook daarin een lepeltje goede olijfolie. De twee overgebleven gesnipperde uien mogen het daarin vrolijk uitzingen. Ze krijgen daarbij trouwens het gezelschap van de rode en de gele paprika. Die is schoongemaakt en in sympathieke blokjes gesneden.
5. Na vijf minuten stoven is het welletjes geweest. Stort met een breed gebaar het mosselsap de pot in. Leng aan met 80 cl water. Om uiteindelijk 1 liter soep over te houden natuurlijk. De saffraandraadjes fleuren op dat moment ook de soep op. Dek af en laat het soepje zacht koken gedurende twintig minuten.
6. Meng ondertussen de eierdooiers met de room. Giet bij dit mengsel een pollepel van onze heel warme en gare soep. Meng met een klopper grondig tijdens dat bewuste gieten. Tijdens het roeren huppelen de verdunde eierdooiers met room de zeer hete soep in. Het soepje bindt zich nu licht uit eigen beweging. De mosselen glijden in de soep.
7. Peper nog eens even zeer ruim. De mosselen met de schelp geven vervolgens wat meer decoratief volume aan het soepje. En bestrooi als ultieme afwerker de verlangende beestjes met fijngehakte verse basilicum.

• Tip

Geen zout in dit gerecht. Mosselen bevatten op zichzelf al genoeg van dit goedje.

• Doordeweekse dorst

Een witte bordeaux van de bovenste plank. Pessac-Leognan. Graves mag ook.

Vis op zijn best: met een massa groenten.

Voor 4 personen
4 tonijnsteaks, 1 ui, 1 dikke snede gekookte ham, 2 rode paprika's, 1 gele paprika, 1 groene paprika, 1 venkelknol, 6 tomaten, 20 cl droge witte wijn, 2 tenen knoflook, een kruidenboeket. tijm, laurier en peterselie, 10 ontpitte zwarte olijven, olijfolie, peper en zout.

Tonijn in de pot

1. Maak de paprika's schoon en snijd ze in reepjes. Snijd ook de ham in reepjes. De venkelknol mag eveneens in reepjes. Hak de ui in stukjes. Plons de tomaten even in kokend water, schil en ontpit ze.
2. Zet een stoofpot op het vuur en laat er een scheut olijfolie in warm worden.
3. Bak ui en paprika op, terwijl je regelmatig roert, gedurende een minuut of vijf. Voeg dan de venkel en de ham toe. Nog een minuut of twee zacht laten bakken.
4. Giet het glas witte wijn bij de groenten. Voeg het tomatenvlees toe. De knoflook en het kruidenboeket mogen ook hun werk doen.
5. Zet het deksel op de pot en laat een half uurtje stoven. Daarna mag het deksel eraf. We laten gedurende een tiental minuten de helft van het vocht in de pot verdampen.
6. Laat de groenten afkoelen en zet weg in de koelkast.
7. Laat de groenten opnieuw aan de kook komen. Vlij er de ingezouten en gepeperde tonijnsteaks op, die heel even werden aangekorst in een braadpan in wat olijfolie. Zet het deksel op de pot. Laat de vis gedurende een kwartiertje stomen op de groenten. Serveer met rijst.

• Tip
Laat de tonijn niet te ver gaan, maar houd de vis mooi roze binnenin. Volledig gare tonijn smaakt droog en taai. Halfgare tonijn smaakt overheerlijk.
• Doordeweekse dorst
Dit gerecht schreeuwt om kruidig rood. Ik drink er een goede pinotage uit Zuid-Afrika bij.

Wat met paling kan,
kan met forel ook:
in ‘t groen dus.

Voor 4 personen
4 forellen, 25 cl droge witte wijn, 100 g verse spinazie, 1 eetlepel fijngehakte verse dragon, 1 eetlepel verse fijngehakte kervel, 1 eetlepel fijngehakte verse bieslook, 1 koffielepel mosterd, 20 cl room, 2 sjalotten, 1/2 citroen, 2 klontjes boter, peper en zout.

Forel in 't groen

1. Hak met groot enthousiasme de spinazie en de kruiden fijn. Meng de helft van de tuinkruiden met de spinazie door elkaar. Was de forellen vervolgens grondig. De spinazie-kruidenmengeling komt dan op onverklaarbare wijze terecht in de geopende buik van de vissen.
2. Uit de kast komt nu een platte ovenschotel tevoorschijn. Boter die in en bestrooi de bodem met wat fijngehakte sjalot. Vlij daarop de verbaasde vissen broederlijk naast elkaar.
3. Giet nu uit de losse pols de droge witte wijn over de vis. Laat de schotel heel even opkoken op een hevig vuur, schuif hem daarna in de oven (een zachte oven voorverwarmd op 150°C). Na een kwartier komen de vissen hieruit tevoorschijn.
4. Stoof ondertussen in een klein pannetje een fijngehakt sjalotje in wat natuurboter (een minuut of vier). Nu volgt een goocheltruc. houd tegelijk met een schuimspaan de visjes tegen, en houd de gloeiende ovenschotel schuin. Laat het vocht van de vis in het sauspannetje vloeien. Houd de vissen op het fornuis op een laag pitje warm in de schotel.
5. Het sauspannetje komt op het vuur. Laat de geheimzinnige inhoud tot de helft inkoken. Giet een scheut room per persoon bij de toekomstige saus. Opnieuw mag er ingekookt worden. Eén derde dampt de lucht in. Haal dan het sauspannetje van het vuur.
6. Laat nu de groene verse kruiden de saus in dwarrelen, samen met een klontje boter, de mosterd en een streepje citroensap. Klop even met onze befaamde sadistische sauszweep tot boter en mosterd zijn opgelost. De saus vloeit dan over de warme forellen, die teder op voorverwarmde borden gevlijd worden.

• Tip
Aarzel niet om zoveel mogelijk verse groene tuinkruiden te gebruiken. munt, basilicum, dragon smaken allemaal heerlijk.
• Doordeweekse dorst
Laat een eenvoudige witte bourgogne (uit het zuiden) hier maar zijn gangetje bij gaan. Macon, Saint-Véran of Pouilly-Fuissé dus.

Papillotten zijn altijd een succesnummer. De pakjes worden immers door elke uitgehongerde tafelzitter zelf geopend. Waarop prompt bedwelmend heerlijke geuren ten hemel stijgen.

Voor 4 personen

4 tournedos van zalm (250 g per persoon), 4 eetlepels goede droge witte wijn, 1/2 citroen, 4 dunne sneetjes gerookt spek, 1 eetlepel fijngehakte peterselie, 4 takjes tijm, bonenkruid, peper, 1 eetlepel olijfolie.

Zalm... t

... folie met de blinkende kant naar boven op het aanrecht. Olie lichtjes in met de hulp van

... hebben eerst alle eventuele graten met een epileertangetje uit de vis getrokken. Peper

... wijn en een paar druppeltjes citroensap.

... door de randen zorgvuldig toe te plooien en op te rollen.

... en, die staat afgesteld op 210 graden.

... tagliatelle klaarmaken. De gare deegwaren worden dan overgoten met gesmol-

... cht.

... omstig uit Italië. Uit Chianti dus. Of uit Argentinië.

Zalm blijft spotgoedkoop en gelukkig ook (vooral de Schotse) zeer lekker.

Voor 4 personen
4 zalmfilets van elk ongeveer 150 g, 6 stronkjes witloof, 1 sjalot, 6 tomaten, 5 cl olijfolie, 1 snuifje suiker, 1/2 citroen, 1 bosje dille, peper en zeezout.

Zalm met witloof

1. Trek met een epileertangetje de kleine graatjes uit de zalmfilets, waar langs één kant het vel is aangebleven. Snijd het witloof in kleine stukjes. Plons de tomaten gedurende 1 minuut in kokend water, schil en ontpit ze. Hak het vruchtvlees in blokjes.
2. Laat de zeer fijngehakte sjalot gedurende twee minuten zacht aanstoven in goed wat olijfolie. Voeg dan de tomaten toe en laat op hoog vuur sudderen zonder deksel zodat het vocht kan verdampen uit de groenten. Zout de tomatensaus en voeg een snuifje suiker toe. Laat ongeveer een kwartiertje sudderen tot een mooi gebonden tomatensaus is ontstaan.
3. Peper en zout de zalmfilets. Bak ze in een hete pan met olijfolie gedurende 3 minuten langs elke kant. De zalm moet binnenin mooi roze blijven. Doorgebakken zalm smaakt naar karton en dat willen we natuurlijk vermijden. Houd dan de zalmfilets even warm in de oven die staat afgesteld op 90 graden.
4. Laat een scheutje olijfolie warmen in een pan of een wok. Als de olie begint te dampen roerbakken we het witloof gedurende 5 minuten op een hoog vuur. Roerbakken betekent bakken terwijl onophoudelijk geroerd wordt. Zout het witloof.
5. Verdeel het witloof over de warme borden. Leg op elk bergje groenten een zalmfilet. Voeg 2 eetlepels verse fijngehakte dille toe aan de tomatensaus en schep de saus rond de vis.

• Tip
Zet de zalm op tafel in gezelschap van een goede aardappelpuree die werd opgewerkt met zeer goede olijfolie en fijngehakte platte peterselie.
• Doordeweekse dorst
Ik dacht aan een jonge rode, vurige Spanjaard uit Rioja of Ribera del Duero, koel geserveerd.

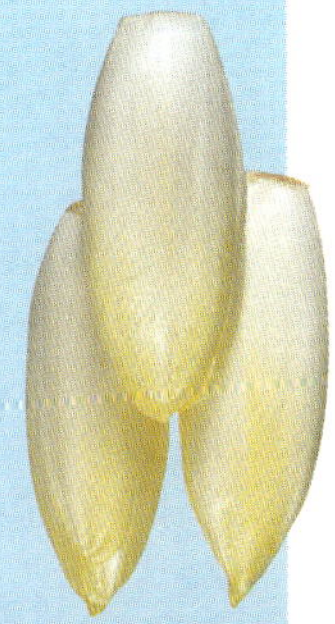

Goede avocado's liggen het hele jaar door in de rekken. Even uitgerijpt op het aanrecht blijken ze na een dag of twee wonderen van smaak. Vooral met vis komen verse avocado's op volle toeren. Met tonijn bijvoorbeeld. Dit spotgoedkope voorgerecht kan ook zijn plichten volbrengen als heerlijk lichtvoetig avondmaal.

Voor 4 personen

5 rijpe avocado's, een klein blikje tonijn in olijfolie, 1 rode ui, 2 lente-uitjes, 3 takjes verse munt, 2 citroenen, 1 eetlepel notenolie, 3 druppels tabasco, peper en zout.

Goedgevulde advocaat

1. Stroop de mouwen op.
2. Schil de rode ui, snijd de helft in ragfijne ringetjes, hak de rest in piepkleine stukjes. Hak 6 blaadjes verse munt fijn.
3. Snijd de avocado's in de lengte in twee. Wrik teder de stukken uit elkaar en verwijder de pitten. 8 avocadohelften gaan we met de hulp van een lepel zachtjes wat uitgraven. De overblijvende twee helften hollen we grondig uit.
4. Het avocadovruchtvlees moeten we onmiddellijk besprenkelen met citroensap, want de advocaten hebben de onbedaarlijke neiging om zwart te worden. Over de pulp gieten we nog twee extra eetlepels citroensap. We gieten er de notenolie bij. Zout, de fijngehakte muntblaadjes, de tabasco en wat peper zijn ook op hun plaats. Met een vork pletten we onhoudbaar de pulp tot prak.
5. Open het blik tonijn. Verkruimel het tonijnvlees met dezelfde vork. Eén eetlepel tonijn houden we apart en de rest van de vis mengen we aandoenlijk onder de avocadoprak.
6. Daarmee vullen we de lege avocadohelften.
7. Schik de verbaasde avocado's op een schotel. Versier met een toefje 'onbewerkte' tonijn, een paar fijne rode uiringen, wat groen van lente-ui en een blaadje munt.
8. Stroop de mouwen af.

• Tip

Avocado's van het ras "hass" zijn de allerlekkerste. Goed uitkijken dus!

• Doordeweekse dorst

Een fris glaasje riesling brengt de nodige lentezon op tafel bij deze avocado's.

Makreel is een raar visje. Onbekend en onbemind. Bovendien schijnen massa's mensen te denken dat dit beest haast uitsluitend in blik leeft. Au naturel of in olijfolie. Nochtans, hier en daar kan je bij een gewetensvolle vishandelaar kraakverse makrelen aantreffen. Het zijn prachtige vissen, die van nature al hun pyjama hebben aangetrokken. En, geloof het of niet, zo'n verse makreel kan formidabel uit de hoek komen.

Voor 4 personen

4 verse kleine makrelen, 2 eetlepels bloem, 4 eetlepels olijfolie, 2 uien, 6 tomaten, een takje tijm, 1/2 blad laurier, 2 eetlepels mosterd, 1 eetlepel fijngehakte bieslook, peper en zout.

Makreel met mosterd

1. We draaien eerst een deugdelijke tomatensaus in elkaar. We schillen dus de tomaten. Dat kan natuurlijk door ze gedurende tien tellen onder te dompelen in kokend water, dat weet ondertussen iedereen. De tomaten worden ontpit en in grove stukken gesneden.
2. De uien gaan nu onder het mes. We trekken hun jas uit en versnijden eveneens in grove stukken. Tomaat en ui vliegen in de keukenrobot. Mix tot een mooi glad en lopend papje. Deze puree komt in een pannetje terecht, samen met twee eetlepels olijfolie, een takje tijm en een blad laurier. Het toekomstige sausje mag nu gezwind, maar toch zachtzinnig inkoken gedurende tien minuten. Inkoken zonder deksel. Het resultaat is een mooi gebonden, dieprode smaakvolle tomatensaus.
3. De verbaasde makrelen krijgen nu een grondige wasbeurt. En daarna een droogbeurt. De visjes bloemen we nu teder in. We draaien ze dus in de bloem en geven de beesten daarna een stevige tik om alle overbodige bloem te verwijderen. De vissen bakken we vervolgens kort op in een braadpan met antikleeflaag en wat olijfolie. De bedoeling is om de vis enkel een krokant korstje en een kleurtje te geven. Na een minuut of twee is de vis aan alle kanten gekorst.
4. We brengen de makrelen dan over in een geoliede ovenschotel. Die schotel bedekken we met aluminiumfolie. De bedoeling is om de makreel die van nature nogal wat vetstof bevat, mooi stevig visvlees te verlenen, dat toch nog sappig is. Daarom schuiven we de vissen nu de oven in die staat afgesteld op 200° C. De makreel mag het een kwartier uitzingen in de oven.
5. Vis de tijm en de laurier uit de tomatensaus. En van het vuur af werken we twee eetlepels ademloze mosterd onder de saus. De pittige tomaten vloeien vervolgens over en rond de smachtende makrelen. Werk af met fijngehakte bieslook.

• Tip

Gebruik misschien mosterd met graantjes, à l'ancienne.

• Doordeweeks dorst

Makreel voelt zich opperbest in gezelschap van een gekoeld glas rode wijn. Misschien een jonge rode rustieke bolleboos.
Zoek het daarom misschien in Zuid-Europa. Een simpele rioja.

Alfabetische receptenindex

Reeds eerder verscheen van Dirk De Prins bij BMP

In dezelfde reeks verschenen ook

Deze boeken zijn verkrijgbaar bij de boekhandel.
Meer info?
BMP, Deurne - tel. 03/360.78.08 - info@bmp.be